新しいリベラルアーツ教育の構築

～学習院女子大学の挑戦～

内野　儀・金城

JN044633

信山社

はじめに

刊行に寄せて

学習院女子大学副学長　内野　儀

　本書は 2022 年 5 月 28 日に学習院女子大学で開催された掲題シンポジウムの記録です。本シンポジウムは学習院女子大学が主催し，学校法人学習院の「中長期的なビジョンを実現するための計画」の一つとして実施されました。

　学習院女子大学でこの企画が検討された背景には，リベラルアーツ教育の意義が問われていることがあります。

　日本が経済的な成長期から成熟期に入り，それが社会的な停滞ひいては衰退にすらつながりかねないという懸念が払拭できない中，大学も変化を求められています。卒業後の就職やその後のキャリアアップに直結する専門性や技能を求める受験生や保護者も少なくありません。このような状況下において，必ずしも「仕事」に直結しない多様な学びを目指す従来のリベラルアーツ教育について，早急かつ生産的な見直しが求められているのです。

　学習院女子大学における教育の核心はリベラルアーツにあります。リベラルアーツ教育に変革が求められていることは，まさしく本学のあり方が問われていることを意味します。しかし，混迷の度合いを深める現代社会におけるリベラルアーツ教育について真剣に考えることは，決して容易なことではありません。そこで，本学では学内のみならず，学外からも意見を幅広く募り，この問題について検討する「新しいリベラルアーツ教育の構築」をプロジェクトし

て立ち上げることになりました。本シンポジウムは，その最初の一歩です。

　改めてシンポジウムの記録を通読してみますと，その主要テーマは大きく3つにまとめることができるように思います。それは（1）リベラルアーツの本質である「不羈の精神」の重要性，（2）「教養」が実社会で本当に役に立つのかという古くからの問い，そして（3）大学という組織の創造と変革です。

　（1）に関しては，藤野可織氏（芥川賞作家）がジェンダーという観点からとても示唆に富む見解を示していただき，女子大学におけるリベラルアーツ教育について真剣に考える材料を提供されました。また（2）について，日下部裕美子氏（Impact Access 代表取締役）がグローバル企業，国際機関そして産学連携プロジェクトの豊富な経験から得られた知見を，海外と日本の比較を踏まえながらお話しいただきました。さらに実務家として活躍された後に大学の教員になられた近藤隆則氏（京都橘大学教授）は，リベラルアーツと実務教育の接続について一石を投じられました。本シンポジウムに組織の改革や創生に第一線で従事されておられる方が参画されたのも大きな収穫であったと思います。（3）に関して，西川史子氏（山脇学園中学校高等学校校長）からは大きな目標を実現するためには組織の拙速な「変革」ではなく「進化」を重視すべきというご提言をいただきました。さらに平田オリザ氏（劇作家，演出家，芸術文化観光専門職大学学長）のお話は，リベラルアーツ教育を大学で実践する際に重要となる学内のリーダーシップについて深く考える契機となりました。

　シンポジウムで得られた知見を具体的に実行するためには，それを本学の問題として咀嚼し，教員の間で議論する過程も有益です。

そこで，シンポジウム開催後しばらく時間を置いたのちに学内の各学科の教員が集まり「学内座談会」を開催しました。ここで議論された内容をどのように安定的な合意につなげ，具体的な行動を実現するかが今後の課題となります。

　本書に収録されたパネリストの講演やディスカションの内容は含蓄と示唆に富んでいるように思います。このような素晴らしいシンポジウムに参画して下さったゲストの方々，そして参加いただいたすべての方々に心より感謝申し上げます。本書を手に取っていただいた読者にとり，このシンポジウムの記録がリベラルアーツ教育について考える一助になれば，本企画に関わった関係者一同にとりこれ以上嬉しいことはありません。

2023 年 3 月

学習院女子大学
Gakushuin Women's College

Panelists & Schedule

13:20　受付開始

13:30　開会の辞
　　　　開会挨拶　学習院女子大学長　大桃 敏行

13:40　Opening Remarks
15:10　　　　　パネリスト　日下部裕美子
　　　　　　　　　　　　　　　藤野 可織
　　　　　　　　　　　　　　　近藤 隆則
　　　　　　　　　　　　　　　西川 史子
　　　　　　　　　　　　　　　平田 オリザ

15:10　Coffee Break

15:30　Panel Discussion
16:30　「リベラルアーツ教育と本学のサバイバル」
　　　　　モデレータ
　　　　　　学習院女子大学教授　金城 亜紀

16:30　ディスカッションを受けて
　　　　学習院女子大学副学長　内野 儀

16:50　フロアとの対話
17:20

17:20　閉会挨拶
　　　　学校法人学習院常務理事　平野 浩

17:30　閉会の辞

Access

東京メトロ京都心線「西宮坂」駅下車　徒歩 1 分
東京メトロ副都心線「早稲田」駅下車　徒歩 10 分
JR山手線・西武新宿線「高田馬場」駅下車　徒歩 15 分

©Erico Terada

藤野可織 Kaori Fujino
芥川賞作家

小説家。2006 年「いやしい鳥」で第 103 回文學界新人賞受賞、2013 年に「爪と目」で第 149 回芥川龍之介賞、2014 年「おはなしして子ちゃん」で第 2 回フラウ文芸大賞を受賞。近作に『ファイナルガール』(角川文庫)、『ドレス』(河出文庫)、『ピエタとトランジ〈完全版〉』(講談社)、『来世の記憶』(KADOKAWA)など。2017 年、アイオワ大学のインターナショナル・ライティング・プログラムに参加。現在、京都精華大学、同志社女子大学で非常勤講師を務める。

©奥山由之

平田オリザ Oriza Hirata
劇作家、演出家、芸術文化観光専門職大学学長

青年団主宰。こまばアゴラ劇場、江原河畔劇場芸術総監督。1995 年『東京ノート』で第 39 回岸田國士戯曲賞受賞。2006 年モンブラン国際文化賞受賞。2011 年フランス文化通信省より芸術文化勲章シュヴァリエ受章。2019 年『日本文学盛衰史』で第 22 回鶴屋南北戯曲賞受賞。著書『わかりあえないことから』『演劇入門』(講談社現代新書)など。

西川史子 Fumiko Nishikawa
山脇学園中学校高等学校 校長、本学外部評価委員

東京都目黒区生まれ。武蔵野音楽大学大学院音楽研究科修了。大学院在学中より山脇学園中学校高等学校で非常勤講師として勤め、1991 年、専任教諭として山脇学園中学校高等学校着任。同校にて、2010 年に入試広報室長、2019 年に教頭部長という役職を歴任し、2021 年より同校校長となり現在に至る。学習院女子大学外部評価委員も務める。

日下部裕美子 Yumiko Kusakabe
Impact Access 代表取締役社長

ゴールドマン・サックス証券投資銀行を経て、米州開発銀行に 15 年間勤務。YK Global Impact (米)、(株) Impact Access (日) を設立。多数の新規事業を提案・主導、インド向け投資ファンド COO、東京大学産学協創推進本部 Beyond AI 研究推進機構の企画戦略ディレクターを経験。現在はイノベーション創出の研究調査を本業として、広大発ベンチャー・プラチナバイオ CSO、京大発・認知症治療ワクチン開発ベンチャー COO、ESG ベンチャーSustainacraft 海外戦略、東海東京証券 CSR 中部オープンイノベーションカレッジ ディレクター、広島大学 OI 事業本部、経済産業省・産業構造審議会・研究開発改革 WG 委員を兼任。東京大学文科 II 類入学・留学、英国 LSE 経済学士、東京大学経済学部経済学博士。INSEAD Global Executive MBA2014 年卒。

近藤隆則 Takanori Kondo
京都橘大学教授

専門は金融論、行動経済学。著書に『政府の銀行貸出への関与は日本の中小企業を強くしたか』晃洋書房 (2018 年) など。日本債券信用銀行 (現あおぞら銀行) で人事部長などを務め、退職後、一橋大学大学院を修了、博士 (経済学)。専門分野の基底にある人間学 (広範な教養) に若い頃からこだわり続け、現在、「法と経営学会」において「大人のための教養」分科会を主宰、歴史や宗教や文学を現代の諸問題と結びつけながら多士済々なメンバーと学んでいる。趣味は実生活の隅々に伯楽。

目　次

Ⅱ　学内座談会

ポストコロナの
リベラルアーツ教育と本学のサバイバル

日時：2022 年 5 月 28 日
場所：学習院女子大学
2 号館 201 教室（やわらぎホール）

澤田　ただ今より，学習院女子大学主催シンポジウム「ポストコロナのリベラルアーツ教育と本学のサバイバル」を開催いたします。司会進行は，国際コミュニケーション学科の私，澤田が務めます。どうぞよろしくお願いいたします。

　はじめに，大桃敏行学習院女子大学学長より，開会のごあいさつです。大桃学長，よろしくお願いいたします。

1　学長挨拶

大桃敏行

　皆さん，こんにちは。学習院女子大学の学長を務めております大桃です。

　本日はこのシンポジウムにご参加いただき，ありがとうございます。パネリストの皆さまには，ご報告とご討議をお引き受けいただきありがとうございます。

　学習院では，学習院を構成する各学校，それから法人も含めまして，新しい中期計画が今年度からスタートいたしました。6年計画で，学習院女子大学では，実施計画の一つに「新しいリベラルアーツ教育の構築」を掲げております。これは，今日的な状況の中でリベラルアーツの意義を捉え直すとともに，その内容を考えてみましょうというものでありまして，本日はこのプロジェクトの最初のシンポジウムになります。

　皆さんご存じのように，「リベラルアーツ」は大変長い歴史のある言葉でございます。例えば，「セブンリベラルアーツ」というようなことがいわれたときがあります。これは「自由七科」あるいは「七自由科」などといわれておりますが，論理学や文法，幾何学とともに，音楽や天文学なども含まれておりました。ヨーロッパの大学の歴史において，神学，法学，医学の専門課程に進む前に，リベラルアーツの教育が前提とされてもおりました。時代の変化とともに，リベラルアーツの内容も大学における位置付けも変わっていきますが，今日あらためて，リベラルアーツ教育の意義やその内容の捉え直しが課題になっております。

　例えば，先般，大学の認証評価等を行っている大学基準協会から
アンケートが参りました。そのアンケートが「学士課程教育におけ
る現代社会で求められている課題に対応する能力育成に関するアン
ケート調査」というもので，その中で「21世紀型リベラルアーツ
教育」という言い方が使われております。21世紀型リベラルアー
ツ教育について，それぞれの大学での実施状況を調査するというも
のでございます。

　このアンケートは既に基準協会のホームページで公開されていま
すので，ここで少しご紹介しますと，21世紀型リベラルアーツ教
育とは，「持続可能な社会の実現を目指す人類共通の諸課題への積
極的な取り組みを展開する上で，重要な役割を果たすと思われる能
力や資質の向上を目指した教育」と定義されています。そして，そ
の期待されている内容の例がいくつか挙げられておりまして，その
中に，例えば「複合的な課題に対応できる通分野的教育活動の展
開」があります。

　今日は先の見通しが難しい予測困難な時代などといわれています。
このような時代にあって，私たち大学は，そこで学ぶ人たちにどの
ような教育を保障していくのか。10年あるいは20年先を見据えな
がら，どのような力を付けていくべきなのか。まさに高等教育機関
としての大学の責任が問われているものと，私は考えております。

　本日は，とても多彩なパネリストの方をお迎えしており，多様な
角度からいろいろなご報告やご討議をいただけるものと思っており
ます。私もとても楽しみにしておりまして，いろいろ学ばせていた
だきたいと思います。

　それでは，本日はよろしくお願いいたします。以上で私のあいさ
つといたします。

2 基調講演

澤田　大桃学長，ありがとうございました。

　それでは，これから，多様な分野でご活躍の5名のパネリストの皆さまに，個々にお話を頂くことにいたします。最初のスピーカーは，Impact Access 代表取締役社長，日下部裕美子氏です。ご登壇ください。よろしくお願いいたします。

1 クリエイティビティーの活性化

日下部裕美子　Yumiko Kusakabe

Impact Access 代表取締役社長

ゴールドマン・サックス証券投資銀行を経て，米州開発銀行に15年間勤務。YK Global Impact（米），（株）Impact Access（日）を設立，多数の新規事業を提案・主導。インド向け投資ファンドCOO，東京大学産学協創推進本部 Beyond AI 研究推進機構の企画戦略ディレクターを経験。現在はイノベーション創発の研究調査を本業として，広大発ベンチャー・プラチナバイオ社外取締役，ESG ベンチャーsustainacraft 海外戦略ディレクター，東海東京証券 CSR『中部オープンイノベーションカレッジ』ディレクター，広島大学 OI 事業本部Global Creative Advisor，Bio DX ビジョン共創アドバイザー，経済産業省・産業構造審議会・研究開発改革 WG 委員を兼任。東京大学文科II類入学・留学，英国 LSE 経済学士。東京大学経済学部 経済学修士。INSEAD Global Executive MBA2014 年卒。

こんにちは。Impact Access 代表の日下部裕美子です。本日は，学習院女子大学の皆さま，先生方，このような素晴らしい機会を頂きまして誠にありがとうございます。

少しだけ自己紹介から始めさせていただきます。私は現在，イノベーションとクリエイティビティーの研究と新規事業設立を本業としておりまして，東大の新領域創成科学の人間環境工学の先生と一緒に，イノベーションの調査研究をしております。また，いくつかベンチャー企業の経営戦略と事業開発を担当しております。三つあるのですが，京都大学発の認知症治療ワクチン開発ベンチャーのCOO 役，それからスタートアップへの参画が複数あるのですが，広島大学のゲノム編集技術ベンチャーのチーフ・ストラテジー・オフィサー，そしてクライメートテックという分野で，気候変動の森林保全の分野に関する衛星センシング技術のベンチャーの海外戦略ディレクター，アドバイザーをしております。また昨年は京都大学のヘルスケア分野の研究シーズの事業化にも取り組んでいました。

さまざまな大学と企業の産学連携の仕事を担当しておりまして，例えば，日本のものづくり産業の約 4 割が中部地方にあるのですが，そういった経営者向けのいろいろな新規事業のヒントを与えるワークショップ，「中部オープンイノベーションカレッジ」のディレクターも務めております。

今はそういうイノベーション創発の仕事をメインに活動しておりますが，私の人生の半分ほどを占めます過去からの海外経験について少し説明させていただきますと，もともと子どものころはアメリカに住んでおりました。小学校から大学 1 年までは日本で教育を受けて，でも，社会人になったらまた海外でも仕事をしたいとずっと思っておりました。

　大学院を出てから，最初は投資銀行で IPO や M&A のバンカー
の仕事をしていたのですが，やはり国際機関での仕事をと思いまし
て，その後ワシントン D.C. に渡り，米州開発銀行で中南米，南米
やカリブ海諸国の途上国開発支援の仕事を 15 年ほどしておりまし
た。今日はスライドで写真などが用意できず申し訳ありませんけれ
ども，中南米のアルゼンチンやブラジルやカリブ海の国で，その国
にとって大事な社会経済開発効果を目的とした SDGs 目標のイン
パクト投資案件を約 10 カ国にわたり担当し，自身が現場に行って
立ち上げて投資をするという仕事をしてまいりました。

　その後，INSEAD というビジネススクールでフランスと行った
り来たりしまして，それをきっかけに自分で独立しようと勇気付け
られ，最初にアメリカで会社をつくりました。その後，日本に帰っ
てきて，今は大学の産学連携やイノベーションの仕事に従事してお
ります。

　そこから，私の中でのオリジナルの経験としましては，多国籍の
環境で働いてきた期間が長いのと，日本の企業のプロジェクトにも
たくさん携わりました。例えば，去年，東京大学とソフトバンクの
共同研究事業，五神総長と孫会長が合意してできた Beyond AI 研
究推進機構という AI の研究所が立ち上がりましたが，10 年間で
200 億円の予算規模で設立された AI のエコシステムを東大とソフ
トバンクが共同でつくるという事業の企画戦略ディレクターを務め
ておりました。そのときに，例えて言うと，東大中の AI のシーズ
技術の申請が 150 件ほどある中で 10 件を選び，研究所立ち上げを
如何に推進し，盛り上げていくかというような企画運営をしたり，
現在の総長とご一緒に，世界の AI の権威の先生方からどうすると
AI のエコシステムを活性化できるかのご意見もグローバルアドバ

イザリーボード会議で議論して伺いました。これからは大学もリターンを得て，そこから基礎研究を運営していけるような，還元する仕組みづくりなどをしてきました。

　今はベンチャーの仕事もしていますし，広島や名古屋に行く機会も多いのですが，本日のテーマであるリベラルアーツ教育の意義，金城先生に言っていただいたテーマで考えることがいくつかあります。私が思うには，最近はどうしても AI のデータサイエンティストとかバイオが大事だとか，スタートアップの人材が足りませんし，日本は世界の中のイノベーションのランキングがまだ低いということで，実業型のスキルが重視される傾向にあると思います。もちろん各省庁がたくさん助成金を出してそういう人材を育てようとしているのですが，そういう中でも，今，海外の仕事をしている人と，日本の企業の人たち，それから日本のスタートアップを見て比較すると，私は，自分でコンセプトを考え，提案できる人材がもっと必要なのではないかと思っています。

　例えば，プログラミングができても，このプログラミングのアルゴリズムにするとどういう産業実装ができるのかというようなアイデアを出すためには，日ごろから自分がいろいろな新しいアイデアを創出できるようなマインドセットでいる必要があります。しかし，日本というのはとても遠慮深い文化で，私がいたラテン系の国際機関と比較しますと，協調性が重視されるために，自分の意見を出していいのかというところの感度が，海外の人材とは全く違っています。

　私がアドバイザーをしている先や参加しているプロジェクトの会議で話していても，最初は上司と私しか話していなくて，ほかの人は無言でノートを取っているような会議が多数にあります。本当を

言うと，一番役立つのは，他の人も多様なアイデアを出してその場
でディスカッションすることであり，それが価値創出につながるの
ですが，最初は結構，死んだ魚の目というか，全然生き生きしてい
ない人がかなりいらっしゃり，私のように外部から平気でいろいろ
な意見をずけずけ言う人がいると，少し話しやすくなって，自分で
考えて意見を表現できる機会があると，皆さんだんだん目がきらき
らして活き活きしてくるというようなことをよく経験します。

　どうしても日本の方は周りと合わせるという気持ちが強いため
に，自分自身の軸で提案するというよりも，上司は何と言うだろう
か，自分のコミュニティでどう思われるだろうか，あるいは，こう
いうことを言うと受けるだろうかという他人の尺度で自分の動きや
進路，キャリアを決めがちになると思います。しかし，もう少し人
種やバックグラウンドが多様な国の人たちは，最初から多様性があ
るので，もっと個性を最初から日常的に主張しています。女性の場
合は特に，より意識していかないと，知らないうちに無意識の中の
コンタミネーションとバイアスというか，周囲の環境からの影響を
受けて，本当は意見を言いたいのに遠慮してしまったり，言うと失
敗するのではないかと考えてしまう。そこの体制が，今のままのマ
インドセットですと，日本政府がいくらイノベーションに多額の助
成金を投じても，なかなか変わらないのではないか。そうした問題
意識もあって，私自身は今，クリエイティビティーの活性化という
研究をしています。

　こうしたコンテクストから言いますと，リベラルアーツ教育につ
いて，私の大学生のときを振り返ってみると，東大の駒場キャンパ
スに少し行ってすぐロンドンに行ってしまったりして勉強が大変
だった覚えもあるのですが，一番よかったと思うのは，海外にいっ

たん出てみるとか，違うコミュニティに顔を出してみたり，自分が経験していないような分野の人たちと話してみることによって自分を客観視し，出てくる発想の幅が変わってきたことです。若ければ若いほど，それをたくさんやった人のほうが，人が言った意見に対して自分ごととして想像力が働く幅が広がるので，なるべく大学生の間に，社会人の色が付かないうちに，どんどんそういう活動をされることをお勧めします。

　また，リベラルアーツで大事だと思いますのは，例えば，多様な環境を経験していたほうが，いろいろな立場や見方を自分ごととしてとらえることができて，価値創造に貢献しやすくなります。何を優先するかということのバリューシステムが，結局，自分の中で確固たるものがなくてはいけません。ビジネスマン，あるいは研究者，何になったとしても，自分なりの価値観を形成するためのいろいろな教養や，どういう人と話してきたかによって，実は大事な意思決定ができるようになるので，それがないと，周りの人に振り回されやすく，何か大変なことが起きたときにぶれやすくなってしまうと思います。また自分が直面する様々な状況や課題にフレキシブルに対応するには，個人個人の「クリエイティビティー」がとても大事だと感じています。

　クリエイティビティーの活性化には自分に刺激を環境なり，人から受けたり，影響を与えあって，日頃から連想と想像力の幅を広げることが大事です。なので今の環境や日本社会の考え方の枠を超えていろいろな環境からの刺激を受け，その都度，自分なりの考えや感じ方を意識すると何かの出来事に直面したときの応用力や柔軟性が広がると思います。

　本日のパネリストは，多様で，非常にクリエーティブな，いろい

ろな分野の先生方がいらっしゃいますので，こうしたきっかけか
ら，例えば面白そうだと思う分野については読んでみるとか目を向
けてみることによって，こうした機会からまたどんどん広げていか
れたらどうかと思います。

　以上ですが，もしこうした分野にご関心があるということでした
ら，いつでもパネルや質疑応答で聞いていただければと思います。
ありがとうございます。

　　澤田　日下部様，どうもありがとうございました。
　　　次にお話しいただきますのは，作家の藤野可織氏です。

2 小説家のレンズで見たジェンダー

藤野可織　Kaori Fujino

芥川賞作家

小説家。2006年「いやしい鳥」で第103回文學界新人賞受賞，2013年に「爪と目」で第149回芥川龍之介賞，2014年『おはなしして子ちゃん』で第2回フラウ文芸大賞を受賞。近作に『青木きららのちょっとした冒険』(講談社)，『ドレス』(河出文庫)，『ピエタとトランジ〈完全版〉』(講談社)，『来世の記憶』(KADOKAWA)など。2017年，アイオワ大学のインターナショナル・ライティング・プログラムに参加。現在，京都精華大学，同志社女子大学で非常勤講師を務める。

　こんにちは，藤野可織です。小説家です。今から話すことはほぼ自己紹介ですがご容赦ください。では，はじめます。

　私はシスジェンダーでヘテロセクシャルです。この社会では，とりあえず誰もがシスジェンダーでヘテロセクシャルであることが前提で話が進みますが，私自身についていえば，その前提に違和感を持ったことはありません。けれど，ほんの子どものころ，夜眠りにつく間際の楽しい想像のなかでは，私はいつもアニメやマンガや映画に出てきた男性の主人公でした。それも，肉体が異常にじょうぶで身体能力が異常に高く，ものごとを暴力で解決するタイプの男性です。そういう創作物の中にはもちろん私と同じ性のキャラクターもいくらでも登場しましたが，あまり関心が持てませんでした。私

11

はいつも，自分自身が，いちばん強くていちばんめちゃくちゃで，いちばん血を流し，いちばん血を流させる人物であることを望んでいたからです。そしてそういう登場人物の多くは男性でした。大人になってから，私が筋肉を特徴のひとつにしている俳優への憧れを口にすると，「そういう人がタイプなんですね」と言われることがしばしばありましたが，それはいつも的外れでした。私は，例えばシュワルツェネッガーの映画で彼が主演する登場人物そのものになりたいだけで，彼と交際したいと夢見たことは一度もないからです。私は，少女たちには多かれ少なかれ少年でありたいという夢想があることを知っていました。少女漫画では少女のように美しく気高い少年が主人公であることがしばしばありますが，それは少女に求められる社会的な女性らしさと少女に許される限定された未来を拒否した少女の姿です。しかし，筋骨隆々とした血なまぐさい男性の姿を自分の理想の姿とする少女は，少なくともそれを表明する少女は私が少女だったころは私のまわりにはいませんでした。そのせいで，私には少し思い上がったところがあったと思います。私はありきたりの女性ではないという思い上がりです。小説を書き始めたとき，当時は意識していませんでしたが，私はそこからスタートしました。私は女性である自分に違和感はないけれども，自分が女性であるということを少しも大切に思っていないので，小説を書くときは自分は機械であると考えたのです。私は女でも男でもない，機械なんだからと。そうやって小説家としてなんとか数年を過ごして，「爪と目」という小説で芥川賞をもらいました。私は筋金入りの近視です。私は小学校に入るころには完全にそうで，中学校からハードのコンタクトレンズを使用していました。視力は 0.1 もありません。眼鏡もコンタクトもなしでは，自分が打ち込んでいるパソ

コンのモニターの文字も見えません。私は，近視については人より
情報を持っているという自負がありました。私にとって自分の近視
は，身体的な特徴を超えたアイデンティティですらありました。
「爪と目」はそんな，これまで蓄積してきた近視についての情報を
おおいに利用して書いた小説です。ところが，受賞当時，私が受け
たたくさんのインタビューの中で，私に近視のことを聞いてくだ
さったメディアはひとつもありませんでした。ショックだったの
は，これはテレビですが，受賞の翌日のインタビューで「得意な家
事はなんですか？」と聞かれたことです。そのとき私は33歳でし
たが，そのときになってはじめて，私は自分が本当に女性であるこ
とを理解しました。私は「小説を書く機械」ではなかったし，「近
視の人間」でもなかった。「女」だったんだと。それから，同時に
私は自分の中の女性蔑視にも気がつきました。私が自分は「ありき
たりの女ではない」と思っていたのは，ありていにいえば，「想像
の中で自分が男として破壊行為にいそしむことを楽しむのは，自分
が男と対等であって女とはちがう男の欲望を自分のものとすること
ができているからだ」という意味で，「そこらへんの女よりすぐれ
ている」という意味で，それは私が名誉男性であるという意味でし
た。でもそういうことはぜんぶ，私の外側では何の意味もなかった
のです。驚いたことに，私が小説家であるということすら，それも
芥川賞受賞のニュースにおいてすら，たいした意味を持っていませ
んでした。私は「女」でした。芥川賞をとったことで私が受けた最
大の収穫がこれです。私は本当にがっかりしましたが，これをきっ
かけに自分が「女」であることについてちゃんと考えようと思うよ
うになりました。それはこの社会で女であるとはどういうことか，
ということでもありました。それまでもそうだったにちがいないの

ですが，これ以降はっきりと，「女」という私の身体的・社会的特徴は，「近視」と同じかそれ以上に私にとって大切な素材になりました。今では私は，自分がなりたかったものが「体が異常に丈夫で，異常に身体能力が高くて，暴力ですべてを解決する男性」ではないことが理解できています。そうではなくて，「体が異常に丈夫で，異常に身体能力が高くて，暴力ですべてを解決する人間」になりたかった。単にそういうキャラクターが男性ばかりであったために私は男性になりたいと思い込んだだけ，社会からこれが男性的であり，これが女性的であるとお膳立てされ押しつけられる特徴や役割のうち，私が気に入るものが「男性的」とされるものばかりだったというだけの話です。私はこのような「男性的」「女性的」のステレオタイプを批判するとともに，しかしもし「体が異常に丈夫で，異常に身体能力が高くて，暴力ですべてを解決する女性」が提供されていたとしても，もしかしたら私は，もし彼女がステレオタイプの女性を好むステレオタイプの男性が愛するような外見や魅力を備えていなかったとしたら，愛することができなかったかもしれないという懸念を抱いています。そういうこともじゅうぶんにあり得たと思います。なぜならこの社会は，女性の魅力の大部分を男性が性的魅力を感じるかどうかに限定させているからです。私は女性の魅力を非常に狭く偏った範囲に限定し，そこからはみ出す魅力を魅力と認めず，そればかりか嘲笑すらする社会を批判します。ただ，男性のキャラクターを自分自身として愛してきたことは，悪いことばかりだったと言うつもりはありません。むしろそのことは私を豊かにしたと思っています。シスジェンダーの自分が男性として，その男性というのは肉体的・社会的両方のことを言うのですが，たとえ幻想の中でだけでも男性として生きるのは単純に楽しい

し，私がこの仕事をする上で大いに役に立っていると思います。女の子のままで私が楽しみたい生を生きることができなかったという側面は確実にあるとはいえ，ジェンダーを気ままに行き来すること自体の楽しみと快楽は絶対に否定することはできません。私は男性と結婚しているのですが，あるとき夫に「あなたは今まで好きだったアニメや映画の中の女性のキャラクターに自分の理想を見たことがあるか。こんな女の子とつきあいたいと思うのではなく，彼女そのものになりたいと思ったことはあるか」と聞きました。夫は，そんなことは考えたことがない，そもそもその発想がない，と答えました。私は夫のことをそのときかわいそうだと思いました。まあ余計なお世話ですが。夫がそう考えたことがないのは，物語のなかではどう考えても女性のほうが不自由そうだからだし，ヘテロセクシャルの男性にとって女性というのは基本的には自分の性的パートナーになりえるかどうかという価値を最初にはかる対象であると教育されているからで，もちろんどちらも社会のせいです。私と夫は，同じ価値観の奴隷です。

　私はこういった私の性別にかかわる経験やあれこれの考えに，フェミニズムという名前がついていることを本当に近年まで気がついていませんでした。ここ数年でフェミニズムの本がこれまで以上に次々と出版・翻訳され，メディアで取り上げられるようになり，既存の物語に対してフェミニズムの観点から批評をすることがごくしぜんなことになってきてはじめて，私が女性であるということに立脚した日常の違和感や嫌悪感は私だけの特別なものではないということを心の底から理解しました。私はまったくありきたりの女性で，私はそのことを今では本当に大切に思っています。

　私は数年前から非常勤講師をしています。まずは京都精華大学か

らはじまって，3年くらい前から同志社女子大学にも行くようにな
りました。同女で女性だけがいるクラスを見渡したとき，もし私が
今読んでいるようなフェミニズムの本を彼女たちの年齢のとき読む
ことができたらどんなによかっただろうと思いました。私は同志社
大学で大学時代を過ごしました。きっとその当時もフェミニズムの
授業はあったのだと思います。でも私は気付かずに過ごしてしまっ
た。それで，授業の最初かさいごに，今自分が読んでいる本の話を
ちょっとだけ紹介する時間を設けることにしました。授業の内容と
連動することもあればまったく関係ないことも多いですが，無理に
関連づけることはせず，紹介したい本を気ままに紹介しました。
ヴァギナについて知り，考える本や，痴漢は女性差別に基づくれっ
きとした性犯罪で性暴力だということがわかる本，自分自身に起
こった性犯罪を必死に理解し，自分の中でどのように位置づけるか
をひたすらに追求する闘いについての本，トランスジェンダーの
人々に対する差別や押しつけを告発し，性別をたった2つしか想定
しないというのは社会の致命的な不備であり，それがあまりにも理
不尽な苦しみを産んでいるという本もありました。
　私の授業は一応小説についての授業で，私の目的は小説の楽しさ
を知ってもらい，さらには，どんなときでもいつでも小説だけはあ
なたの友人でありいつでもいつまでもあなたのことを待っている，
ということを知ってもらうことにあります。それに加えて，私が読
んでいる本を紹介するそのちょっとした，ほんの10分かそこらの
時間によって，もうひとつ授業の目的ができました。それは，あな
たたちが今までやこれからの人生で，女性であるという理由だけで
理不尽な目に遭ったり承服しがたいことが起こったり我慢させられ
たりすることがあったら，それはあなたの努力不足や才能の欠如の

ために起こったのではなくて，社会の責任なのだということを知ってもらうという目的です。あなたはなにも悪くない，ということを知ってもらいたい。この試みをはじめた次の年に，前年に私の授業をとってくれていた学生さんが教室を探して訪ねてきて，「私はずっと痴漢に遭っていて，それで電車に乗ることが怖くなってしまって，それは自分が弱いからだと思っていたけれど，ちがうということがわかった。それから，彼氏がいたんですが，ちょっと変だなと思ってたことが本当に変なんだとわかって別れました」と報告してくれました。ささやかでも私といっしょに過ごしてくれた時間が役に立ったんだと思って，本当にうれしかったです。それからは，共学の京都精華大学でも，遅まきながら同じようなことをしています。なぜなら，フェミニズムの当事者は女性だけではなくすべてのジェンダーの人たちだからです。

　私はフェミニズムの専門家でありませんし，知識も少し本を読んだ程度のものしかありません。私はろくな説明ができません。でも専門家になるまでそのことについて口にできないのなら，私が下の世代の方々とそれを共有するチャンスは一生ありません。無責任なことは教えられないので，今言ったように，本を紹介し，感想を述べるというかたちにしています。私がかかわった学生さんたちの中にも，フェミニズムの研究者になる人はいないでしょう。いるかもしれませんがわかりません。でも，本を読まなければ，もしかしたら自分がなんらかの被害に遭ったとき，それが被害であることすらきちんと把握できないかもしれない。怒りや悲しみを表明すべきときに表明できないかもしれない。可能性をあきらめたり，放棄したりしてしまうかもしれない。なにより，私たちの世代で取り去ることができなかった差別を，そのまま保存して次の世代に渡してしま

うかもしれません。

　だから私は，私たちみんなが，フェミニズムの専門家でなくても
フェミニズムの考え方がしぜんとできるようにしておかなければな
らないと思っています。こちらの大学ではすでにその試みはなされ
ているとは思いますが，ぜひそれを強力に推し進めていただきたい
と思います。

　それからもうひとつ，大学時代に知っておきたかったなあと思う
ので常に力を込めて学生さんにお伝えしていることを紹介させてく
ださい。それはフリーランスに課される税制のことです。私はフ
リーランスになってものすごくびっくりしました。国民健康保険，
住民税，そして確定申告。じきにインボイス制度が課されるという
予告もされています。この国はフリーランスという生き方をきっと
想定していない，そうでなくても少なくともイレギュラーなものと
捉えています。だから覚悟をするように，と言いたいのではないで
す。フリーランスでしか生きられない人間は，どうやったってフ
リーランスでしか生きられません。覚悟も必要ですが，フリーラン
スになる前，そしてフリーランスを選ばない人たちもこのことを当
たり前に知っておくことによって，将来，フリーランスが生きやす
くなる制度ができあがる土壌づくりになるからです。

　私からは以上です。ありがとうございました。

　澤田　藤野様，どうもありがとうございました。次にお話しい
　ただきますのは，京都橘大学経営学部教授，近藤隆則氏です。
　どうぞよろしくお願いいたします。

③ リベラルアーツと実務教育

近藤隆則　Takanori Kondo

京都橘大学教授

専門は金融論，行動経済学。著書に『政府の銀行貸出への関与は日本の中小企業を強くしたか』晃洋書房（2018 年）ほか。日本債券信用銀行（現あおぞら銀行）で人事部長などを務め，退職後，一橋大学大学院を修了，博士（商学）。専門分野の基底にある人間学（広範な教養）に若い頃からこだわり続け，現在，「法と経営学会」において「大人のための教養」分科会を主宰，歴史や宗教や文学を現代の諸問題と結びつけながら多士済々なメンバーと学んでいる。趣味は宝生流の謡と仕舞。

皆さん，こんにちは。京都橘大学の近藤と申します。よろしくお願いいたします。

私は，「リベラルアーツと大学のあり方」というテーマでお話をしたいと思います。ここで私の言う「教養」「リベラルアーツ」という言葉は，ごく一般的な文学や思想，哲学，歴史，芸術，芸能，あるいは歴史といったものを指すとお考えください。私は，二つの問いにシンプルに答えるというプレゼンテーションを差し上げたいと思います。第一の問いは「教養は何の役に立つのか」，二つ目の問いが「教養をいかに学生に浸透させるか」です。

「教養は何の役に立つか」「教養を学生に浸透させるにはどうしたらいいか」という問いに答える資格が私のどこにあるかということ

を，振り返って考えてみますと，私は，先ほど経歴のところをは
しょりましたが，銀行に勤務しまして，実務家としての生活を二十
数年間過ごしてまいりました。その後，銀行を退職し，一橋大学で
大学院生を4年間やりました。そして，学問の道といいましょう
か，研究・教育の道を志して，50代の半ばから今の京都橘大学で
お世話になり，大学の教授という仕事をしております。従って，実
務的な生活と，曲がりなりにも大学での研究・教育という生活，人
生を二度味わっているという立場から，この「教養は何の役に立つ
か」「教養を浸透させるにはどうしたらよいか」という問いについ
て，私の経験を踏まえながら論じてみたいと思います。

　はじめに，「教養は何の役に立つか」ということですが，教養は
役に立つということをいろいろな人がいろいろなところで言ってい
ます。最近の『日経新聞』に書かれた山口仲美先生という方の記事
を読んでみますと，「古典の教養は，実はビジネスにも役に立つ。
食事のとき，英国人がシェイクスピアを持ち出して好感度を高める
のに対し，日本人はお金の話しかしないのでつまらないと聞いたこ
とがあります。日本古典の面白さが披露できれば，会話も弾み，商
談成立なんて効果も期待できます」。

　これが典型的な「教養が役に立つ」という一つのタイプの議論で
す。要は，『源氏物語』のストーリーぐらい知っていないと，ある
いは，知っていると商談にすぐこぎ着けられるかもしれませんよ。
あるいは，組織の経営者として，古典や歴史の一節でも部下の前で
吹聴すると，マネジメントがうまくいくかもしれませんよ。この手
の類いの「教養は役に立つ」という議論です。

　僕は，別にこの山口先生に個人的な恨みがあるわけではありませ
ん。この『日経』の記事も，この一節だけはちょっと頂けないと

思ったのですが，そのほかのところは，山口先生の日本の古典文学に対する愛情が非常によく出ている，いい記事でした。ただ，この一節は，古典を深く探究していらっしゃる方が，文科省や経済界のご機嫌をうかがいすぎていると思ったので，あえて悪いところだけ引用させていただきました。

僕はこれがなぜ引っ掛かるかといいますと，結局，すぐ役立つ，つまり，すぐあなたの利益になりますという意味で「役に立つ」と言っているわけです。『源氏物語』のストーリーぐらい知っていると商談の役に立つかもしれない。あるいは，マネジメントがうまくいくかもしれない。戦国時代の歴史に詳しいと，いろいろなビジネス上の競争に打ち勝てるかもしれない等々，この手の教養論というのは，僕の違和感を一言で言うと，功利主義的な立場，あるいは「功利主義に取り込まれている」という言葉で表現できます。

功利主義的な人間観の典型は，今私が専門にしている経済学に出ています。「人間は自己の短期的利益を最大化することを目的に行動している」。経済学が置いている人間についての伝統的な基本仮説です。要は，手近な利益，手近な効用というのが，人間が追求する唯一の目的であるという基本仮説を立てています。

経済学者も馬鹿ではないので，人間はそんな単純なものではないということは，たぶんどんな経済学者も気が付いていると思うのですが，なぜこのような基本仮説に基づいて経済学が展開されているかといいますと，このような仮定を置くことで，極めて数学的な処理がてきぱきとできるからです。経済学者も功利主義が人間の全てを説明できるとは思っていないでしょうし，目先の利益だけを目的にしているなどということは，実際の人間ではあり得ないわけですし，それでいいはずもないのです。

　では功利主義から離れて，教養は何の役に立つかということを，私のキャリアに照らしていろいろ考えてみます。私が学生の時代には，昭和の時代ですから，いわゆるクラシック音楽のコンサートに行くだとか，禅寺で修行のまね事をするとか，徹夜で人生どう生きるべきかを論じるとか，そういういろいろな意味での教養主義のようなものがまだ学生の間にかなり広範に残っておりました。

　しかし，大学4年生になって就活をして就職していくようになりますと，みんなこういうものを忘れていくのですね。何年ぶりかに会って，昔，京都市交響楽団のラヴェルの何とかがよかったねなどと言っても旧友は全然覚えていない。数年，あるいは10年たつうちに，すっかり組織の鋳型にはめ込まれてしまって，学生時代にそういうことを一緒に楽しんだとか，一升瓶を抱えて人生を語りに来たとかいうことが単なる思い出になってしまう。サラリーマンになってからは，そういったものをすっかり忘れていってしまうわけです。私もサラリーマンを30年近くやっていたので，当然，ここに書いたように，専門分野の実務や組織人としての処世術で身を固めたわけですが，どこかでずっと，個人的には，これではまずいのではないかという思いをしつこく持ち続けてまいりました。

　サラリーマンとは何か。自分の専門領域や職業（公的な生活）と，それを離れた気晴らしや娯楽（私生活）が分離していて，そこを1時間も1時間半もかけて通勤する。そういう存在がサラリーマンではないかと，私は生意気に思っていました。人間というのは，社会に出れば組織人としての役割もあるし，結婚すれば夫としての役割もあるし，子どもができれば父親や母親という役割もあります。いろいろな役割を着込むことになります。そうすると，学生時代の，何かの役割に縛られることがなかったときのような，俺の人

生はどうやって生きるべきかとか，京都市交響楽団はよかったとか，そういうことがどんどん剥がれ落ちていってしまいます。つまり，人間が役割に解体されてしまうのです。

教養にもし意味があるとすれば，公の生活と私的な生活をぎゅっと近づけ，一つに統合することだと思います。要は，人間というのは本当はばらばらな役割ではないはずで，一個の全体ですから，その全体を豊かにしてくれるのが，先ほど見たような文学や歴史，芸術，芸能を味わうということであり，それで統一体としての人格が維持できるのではないかというのが私の考え方です。

もう少し言うと，自身の職業人としての経験や家庭生活での役割をばらばらに演じるだけではなく，最終的には一つの自分の全体像をまとめて，俺あるいは私はどうやって生きていけばいいのかということを全体の自分として考える。あるいは，考えるというのは自己省察，自省なのですね。自ら省みる。そして省みるときに，自分の姿を映してくれる鏡が必要です。一番いい鏡が，いい文学作品であったり，歴史書であったり，思想書であったりするのではないかと思うわけです。そういう意味で，教養にもし役割があるとすれば，短期的な功利主義ではなく，私たちを一人の人間として統合し，自己像を省察するときの鏡になってくれるものではないかというのが，私の考えです。

もう一つ教養に意味があるとすれば，職業人としての意思決定の源泉を深く豊かにしてくれることだろうと，私は経験的に感じております。私があまり好きになれなかった上司のタイプをお話しします。それは，職場では目前の課題に邁進するばかりで，私生活ではそのストレスから逃れるためにテレビ番組やゴルフやインターネットや酒場でのうさ晴らしに明け暮れる。つまり，公的な役割に縛ら

れて，全人としての自分の生き方や何かをすっかり忘れてしまって
いる。そういう上司はやはり，敬愛するに値しないというと傲慢で
すが，そんな感じが私はずっとしていました。

　ここで一つの例というか，私の銀行時代の役員でこのような人が
おりました。その役員のもとで私たち部下が，ある一つの，とても
大事な，銀行の屋台骨を左右しかねないような重大な意思決定をし
なくてはいけないという案件がございました。われわれ部下はいろ
いろな案を練って，A，B，C といういくつかの案を作って，最終
的な意思決定権者である役員のところに持っていきました。そし
て，「われわれはこう考えて，こういう理由で案 B でいきたいと思
いますが，いかがでしょう」と言ったら，その役員が，われわれが
決して選択しないであろう C 案にすると言い出しましたので，びっ
くりしました。そのときに，私も非常に腹が立ったというか，
ちょっと憤激しましたので，つい生意気に「それは，役員，大変失
礼ですけれども，どういう職業経験や読書などの教養から引き出し
た意思決定ですか」という質問をしました。

　そうしたら彼は何と言ったかということなのですが，MOF 担と
いう言葉を知っている方はいらっしゃいますか。ちょこちょこい
らっしゃいますね。これも今や死語ですが，昔，銀行というのは大
蔵省（Ministry of Finance）が最大の利害関係者でありまして，
その大蔵省の担当窓口になる人はエリートとして出世街道を歩いて
いたわけです。大蔵省担当窓口（MOF 担）だったその役員が「自
分の職業人人生で一番ためになったのは MOF 担として役人の機嫌
を取ることだ」と言ったので，これはちょっと違うなと思ってがっ
かりしたのと，もう一つは，「どういう読書をしているのですか」
と言ったら，「『釣りバカ日誌』のスーさんが大好きだ」と言ったの

です。『釣りバカ日誌』が決して悪いわけではないのですが，それが意思決定の源泉かということで，がっかりした経験があります。

　つまり，企業経営者であれ，政治指導者であれ，組織のリーダーや，それから技術者や自然科学の研究をしている人もそうですが，高度な専門人材の思考というのは，最後は文学や哲学や歴史などを感受する，心で感じるということが大事だと思います。数学者の岡潔先生は，優れた研究者は情緒を磨いているということをおっしゃっています。それから，湯川秀樹先生は，昔，中間子を研究されているときに行き詰まると，老荘思想の『荘子』という本の「渾沌，七竅に死す」という逸話を思い出して，中間子のアイデアが進んだというようなことをエッセーに書かれています。ですから，リーダーとか専門人材にとっても，そういう感性を磨くための鏡として，教養はとても大事ではないかと私は思っております。

　では次に，今言ったような意味が教養にあるとしたら，それをわずか4年間の大学生活の中でどうやって学生に浸透させるのかということです。これは私の現在の職業の課題でもあるわけですが，やはり二十歳前後の人たちは一番感受性が豊かです。私ですら学生のころは，人生は何かということを徹夜で語るような人間だったわけですので，こういう感受性が豊かな年頃の人たちに，まず自分の背中を見せるということです。少し古い言い方かもしれませんが，「背中を見せる」「おのれを語る」。

　それから，大学の教員ですから，必ず何か専門分野があるはずです。「自分の研究対象への愛を告白する」。これは大事だと思うのですね。自分はなぜこの学問をやっているのか，歴史学でも文学でも何でもいいのですが，なぜそれが好きかということを，感受性豊かな学生に，人間ごとぶつける。そう言うとあまりにも体育会系すぎ

るかもしれませんが，そういったことが大事だと思います。

　僕は原始仏典が好きで，ブッダの弟子たちがいろいろと師匠のことを書いているのですが，師匠の表情とか，このようにしたとか，苦しそうな顔をしたとか，やはり先生の様子をよく見ているのですね。それがつまり教材になっていると感じます。『論語』もそうです。プラトンの対話篇もそうですが，先生がどういう表情で，どんなことを考えていたか。そういうことが一番勉強になっているのではないかと思います。そうでないと，大学の教員は，「人生とは何か」という問いを通り過ぎてしまって，業務として知識・情報の注入にいそしむ機関になってしまうと私は思っています。

　それから，大学の先生の中には，自分の本来の仕事は研究なので，教育負担ということをおっしゃる先生もいます。私ももちろん教育は負担に感じますし，研究が大事だという自意識をお持ちの先生のお気持ちは分かるのですが，福田恆存がこのようなことを言っています。「教育の情熱にまで高まらないような研究に一体どんな意味があるのか」。これはなかなか厳しい言葉ですね。自分の研究が本当に大事だと思うのであれば，やはりそれを誰かに伝えたい，後進を育てたいという情熱に向かうはずだということを，福田恆存は言っています。

　以上，雑駁なお話ばかりでしたが，具体的に，今，私が大学教員として感じている，これはあまりよくないのではないかという教育を二つ挙げます。一つはPBL，もう一つがプログラミング学習です。いずれも，冒頭に申し上げた功利主義です。短期的に何かの役に立つ，短期的に何かが得られるというのがこのPBLであり，プログラミング学習です。

　PBLをするぐらいなら，最初，日下部さんからお話もありました

が，海外に行った方がいいです。学生は，1年であれ，1年半であれ，海外経験をする。それから，日本でも，自分が今まで行ったことのないような田舎で，例えば夏休みや春休みを使って北海道の牧場で働く。ただの観光旅行では駄目だと思いますが，働くのがいいと思います。

「かわいい子には旅をさせよ」といういいことわざがあります。これはなかなか人間知に満ちた，教養あふれる言葉です。一方，PBL でできることは，せいぜい学生のその場の思い付きとプレゼン能力ぐらいで，これは，学生の自省の鏡にもなりませんし，将来の意思決定の深い源泉にもなりません。自分が職場でやっていてこんなことを言っていては怒られますが，そう実感します。

もう一つはプログラミングです。プログラミングではなくて，大事なのはその基礎になる論理学です。論理学は，人類が滅びない限り必要な教養です。しかし，プログラミング技術というのは，僕のころも COBOL か何かのプログラミンを習いましたが，今はCOBOL など何の役にも立ちません。プログラミング技術はどんどん変わっていきます。変化していきます。ですから，今必要なプログラミング技術を覚えたいのであれば，専門学校に行けばいくらでも教えてくれます。大学ですべきなのは，そのプログラミングやコンピュータの基本となっている論理学を徹底的に自分の体に刷り込むということです。これさえできていれば，どんなプログラミングが開発されても対応できる学生になるのではないでしょうか。

大変雑駁でしたが，以上でございます。ご清聴ありがとうございました。

澤田　近藤先生，ありがとうございました。次のスピーカー

　は，山脇学園学校長の西川史子氏です。

4 中・高の現場からの提言

西川史子 Fumiko Nishikawa

山脇学園中学校高等学校 校長，本学外部評価委員

東京都目黒区生まれ。武蔵野音楽大学大学院音楽
研究科修了。大学院在学中より山脇学園中学校高
等学校で非常勤講師として勤め，1991 年，専任
教諭として山脇学園中学校高等学校着任。同校に
て，2010 年に入試広報室長，2019 年に教務部長といった役職を歴任
し，2021 年より同校校長となり現在に至る。学習院女子大学外部評
価委員も務める。

　山脇学園中学校高等学校の校長をしております，西川史子と申し
ます。

　ご縁がありまして，学習院女子大学様の外部評価委員をさせてい
ただきました。極めて真摯にこれからの大学の在り方をお考えであ
る，そのような場に触れまして，高校の現場から，かなり率直に意
見を申し上げました。今日もそれを期待していると言われましたの
で，そういった中・高の現場からというところでお話をさせていた
だきます。

　今日お見せするパワーポイントは，本校の学校説明会で使用して
いるものです。創立 120 年を迎える伝統校ではありますが，今の保
護者にとって，伝統校であるということが強みになっているのかど
うか。近年共学人気といわれ多くの女子校が共学化し，次々と新し
い共学校ができていて，最新のコンセプトを打ち出し，あっという

間に人気を集めていきます。そういった中で，本校も女子校として
の価値観を見直し，どういう魅力や価値を打ち出すべきか，常に進
化を続けていかなければならないと思っています。

　実は昨年，東京都内の女子中学校で最も受験生を集めることがで
きました。コロナ禍で説明会が思うようにできない中，教員全員一
丸となって広報活動をした結果でした。2030 年には子どもの数が
大きく減るという現実や危機感は常日頃校内で共有し，その中でど
う生き残って社会的な価値を持って存在し続けるか，もっといえ
ば，女子校として他校との差別化をどのように打ち出していくとい
うことは，大きなテーマとして持っています。

　今日，非常に大胆なタイトルですね。「サバイバル」。まさに本校
も，中学・高校と大学とはステージは違いますが，女子校としてど
うサバイバルしていくのか。中学・高校から大学へはどのように繋
がっていけばよいのか。そのあたりからお伝えできることもあるか
と思います。

　文科省は，今までの日本の教育では，世界で活躍できる日本の人
材を育てられない，と考えて新学習指導要領を編纂しました。
VUCA 時代のなか，求められる力も変化し，それを育てようとい
う教育の変革スピードはすごいものがあります。現代の生徒や保護
者のニーズもあります。そういった中でどのような学園であるべき
か，本校が悩んだりもがいたりしているところを知っていただけた
らと思います。キーワードは，「社会とのつながり」と，もう一つ
は「多様性」です。

　本校は，来年 120 周年を迎える，赤坂という場所にある唯一の私
立学校で女子校です。生徒数は 1,600 名で，都内女子校のなかでは
大規模校に入るかと思います。校舎を建て替えるなどして，2011

年に閉学した短期大学を併合しまして，中高の校舎は合わせて6号館まであ, りますので，校地には大変恵まれています。

120周年という豊かな伝統，建学の精神を大事に継承することと同時に，未来社会で活躍するための力とは何か，未来社会で活躍できる女性とはどんな女性かを見つめながら，学校として進化し続けよう。「伝統と進化」これが大切にしていることです。

創設者であり初代校長の山脇房子がデザインした校章は，ハートに富士山です。丸く優しい心の中に，常に平和な姿と，凛とした美しい姿をたたえた富士山を理想の女性象としました。このように高く清新な志を持った女性でありなさいという山脇房子のメッセージは，時代がたっても全く色あせない誇るべき建学の精神で，この校章を生徒たちは毎日胸につけています。

一方で，これからの時代は，複雑で変化の激しい，予測のつかない「VUCA」時代だといわれています。このような時代を生き抜いていく力を，「社会とのつながり」と「多様性」の観点から，心身の成長の最も著しい時期をおあずかりする中高6年間でつけてあげたい，つけてあげられる，と考えています。

本校が大事にしている言葉に「志」という言葉があります。これには二つの意味があります。一つは「自己実現」です。自分の道，自分にはどんな力があって，何を学び，どういう進路を歩んでいくのか。そこに向かっていく思いが「志」。もう一つは「他者貢献」です。「寸志」という言葉もあるように，「志」は人さまに差し上げるという意味がある言葉です。ただ自分の夢をかなえればいいのではなくて，それを人さまに差し上げる，世のため人のために尽くすことがあなたの存在意義であるという意味です。本校の1,600人の生徒には一人一人違う志があり，それを本校で育んでほしいという

ことです。

　では，本校の志とは何かというと，生徒を主語にしたこの3つで
す。

① 生徒が，教員や仲間と学び合うことを楽しみ，主体的に取り
　組んでいる学園
② 生徒が，チャレンジして自分の志を開拓し，自ら実現するこ
　とを支援する学園
③ 卒業した生徒が，未来社会で校章を胸に，徳と品格を携え歩
　み続けられる学園

　これを念頭に，様々なイノベーションを進めております。

　一つ目は，チョーク＆トークの授業からの脱却です。学校は知識
を教わるところではなくて「学び合い」の場へ移行しなければなら
ないという意識です。さきほど近藤先生がPBLはちょっとという
ご発言があったのですが（笑），PBLやアクティブラーニングの研
修は教員間で頻繁に行っています。

　二つ目は，ICTを駆使した学びの効果的な導入です。全員の生
徒にiPadを持たせて2年目なのですが，授業の風景や空気がもの
すごく生き生きと変わりました。生徒同士の解答や意見をみんなで
シェアする授業や，これまでよりきめ細かく生徒の状況を把握し
個々への指導ができるようになりました。

　三つめは，高大連携です。大学でのアカデミックな学びは，中高
生に学びのモチベーションをもたらします。高校生でモチベーショ
ンをもって学んだ生徒は，大学で向社会的な学びを継続するという
ことがアンケートで実証されています。モチベーションを付けるた

めの高・大，さらに社連携が大事な観点だと思います。

　四つ目は学校教育の問題点として挙げられることの多かった，教科ごとに分断された学びではなく，教科横断型の学びへの転換です。今年から本校でスタートしていますのが「総合知カリキュラム」です。これは内閣府から出されている「総合知」という言葉を取り入れた本校独自のカリキュラムです。人文科学，社会科学，自然科学，全ての学びにつながりを持たせ，教科横断型の学校独自科目を設定していること，これらが6年間の中で有機的に生徒のなかで繋がり合って社会実装できるようになることがねらいです。その意味ではリベラルアーツと非常に近い概念であるといえます。

　「総合知」カリキュラムを貫く大事な力の一つが「データを扱える力」です。データを集め，見える化し，分析し，実用につなげる。データサイエンスの教科の導入も各大学で進められていますが，その基礎力をつけることを中学高校からやろうということです。

　また総合知のもう一つの柱は，グローバル社会における英語表現力です。「データ」も「英語」も，ツールとして実践的に使えるというねらいをもって，早い段階から6年間かけてやっていこうということです。

　「総合知カリキュラム」の中身を少し紹介します。中1・中2で行う「サイエンティスト」は自然科学の実験・探究活動・考察を繰り返す中で，「理科好き」を育てる授業です。同じく中1・中2には「知の技法」をいう授業もあります。論理的な文章を読み，考えを書き，それを伝わるように人に伝える学び合いの授業です。中3の「ELSI」という授業は，自然科学の進歩に伴う環境問題，倫理的な問題をクローズアップし，人々の幸せ Well-being につながる

テクノロジーの進歩とは何かをディベート，ディスカッションします。また同じく中3の「探究基礎」は，エクセル操作・プログラミングの基礎を学びます。これを校内のアンケート調査の分析で実践することによって社会調査の疑似体験をします。このような体験を繰り返すことで「総合知」を社会実装につなげる生徒を育てられると考えています。

　さて，本校の生徒への重点目標に「チャレンジとアクション」という項目があります。本校の生徒は，家庭で愛されて大切に育てられ，中学受験も，家族や塾の先生の力をもってして乗り越えてきたような生徒が多い。どこか受け身で与えられるのを待っているようなところがあります。与えられていては駄目なのだ，やらされ感では駄目なのだ，自分から動いて求め，自分で選択する姿勢を大切にしよう，と奨励しています。「人間は毎日狭い世界で，狭い人間関係で，ルーティンで生きているほうが楽だけれども，それだと変化は起きない，新しい出会いもない。広い世界へ飛びだそう。一人一人が沢山持っている原石は見つけないで終わったらもったいない。自分の，磨けば光る原石を見つけるために，枠を外し，新たな出会いと体験を求めることで，今まで知らなかった，気づかなかった自分を発見しよう」という話を，中1で受け持っている道徳や生徒たちに話す機会で伝えています。

　本校には，生徒一人ひとりの志を見つけ育てるための選べるプログラムがたくさんある。これは受験生や保護者には魅力に映るのではないかと思います。体験し，選択しながら，自分のなかで輝く原石を見つけられる，ということです。進路・キャリアイベントも中学時代からさまざまに行います。大学生や社会人に来ていただいての，講演会，ワークショップ，インターンシップなどは，非常に大

事な打ち出しです。

　本校の進路指導は，生徒の志に結びつく学びを実現できる場所へ送り出す指導です。大学はゴールではなく，その先の長い人生を生きていく社会で，何が自分にとって必要かということを考えてもらい，行きたい学部・学科から考えてもらうというのが，本校の進路指導です。

　本校の卒業生の資料をご覧ください。各種学校というのは宝塚です。女子生徒に人気の大学への進路状況という観点で見て頂くと，5年連続で増加しています。国公立大，早慶上理，GMARCHへの進学が100名と書いてあるのですが，5年前はこの半分でした。生徒が行きたい大学への合格が増えていることは嬉しいことですが，本校が自慢したいのは進路先の多様性です。女子校だから文系や人文系が強いとかではなくて，理系や海外大も含め，実にさまざまな分野に進学しているのです。生徒一人一人がみんな違う原石を磨き，志を本校で育てたということです。昨年の高3生は，250名ほどの卒業生のうち，73大学の153学科に進学し，それぞれの場所で羽ばたいています。

　さて，今年度の生徒への重点目標として「礼節」という言葉を繰り返し使っています。礼儀を尽くすという意味で使われることが多い言葉ですが，私は「相手の考えや価値観を受容し，自分の中に落とし込んだ上で，自分の考えを伝わるように届ける」ことだと定義づけています。多様な国の人々と接し，多様な歴史や文化・価値観を理解し，自分の伝えたいことを相手に伝わるように伝え，対話して協働する力は，これからますます大事になります。学校という小さな社会の中で，「多様性」を受け容れ対話する練習を積み重ねて欲しい，習慣はいつか人格になる，と思うからです。そういう人間

性の土壌があってこそ，人は「学び方を学べる」のだと思います。

　私はよく中・高6年間の成長を樹に例えて話します。中学入学時に生徒たちはたくさんの種を持って入学します。これらをしっかり発芽させ，茎を伸ばし，葉を茂らせ，どの幹を太くするかを，チャレンジやアクションを繰り返して見据えていくためのカリキュラムが「総合知」です。人生100年を生きていく生徒たちが，中高でしっかりと根を張り幹を太くできれば，どんな社会の変化があろうと，未来社会が変わろうと，強い風が吹こうと，折れずに立っていられます。豊かな樹は周りにも幸せをもたらします。きれいな空気をつくり出すとか，暑い日差しを遮るとか，美しい緑で目を休ませるとか，そんな一本の樹として人々や社会に貢献してほしいという意味を込めています。

　本校の教員によく言う心掛けとして，「教員と生徒は相似性を成す」という言葉があります。未来社会を主体的に幸せに生きる生徒を育てたかったら，私たちがそのような教員でなければならないということです。そういった人間を育てるためには，私たちがどういう人間であればいいかということです。生徒が本校を卒業したことを誇りに思える学園でありましょう，というのなら，全ての教員が，本校で働くことで人生の志をかなえてほしいという話をしています。

　学習院女子大学さんの，真摯な振り返りと今後の学校の指針を構築しなおそうとしていらっしゃる姿勢に打たれ，私も今日，一つの中高一貫女子校のチャレンジとアクションをお伝えさせていただきました。いろいろ試行錯誤もしておりますが，本校の「志」をお伝えできていたらうれしく思います。どういう存在価値を持って，未来社会にあり続けるのか，どういう生徒を育てたくて，サバイブし

ていくか。その志は，中等教育と高等教育というステージこそ違え，同じであると感じております。ありがとうございました。

　澤田　西川先生，ありがとうございました。本学の外部評価委員として，いろいろなご指摘・ご助言を頂いてまいりましたが，本日も直接本学の教育につながるお話を頂きまして，感謝申し上げます。次の発表者は平田オリザ先生です。

5 演劇的手法を使ったコミュニケーション教育

平田オリザ　Oriza Hirata

劇作家，演出家，芸術文化観光専門職大学学長

青年団主宰。こまばアゴラ劇場，江原河畔劇場芸術総監督。1995 年『東京ノート』で第 39 回岸田國士戯曲賞受賞。2006 年モンブラン国際文化賞受賞。2011 年フランス文化通信省より芸術文化勲章シュヴァリエ受勲。2019 年『日本文学盛衰史』で第 22 回鶴屋南北戯曲賞受賞。著書『わかりあえないことから』『演劇入門』(講談社現代新書)など。

　平田です。よろしくお願いいたします。今日はお招きいただきましてありがとうございます。

　時間も限られているので，少しだけ私の経歴をお話しします。私は，本業は劇作家・演出家で作品を作ることが仕事なのですが，20 年以上，大学の教員もしております。初任校は桜美林大学で，ここでは日本で初めてリベラルアーツにおける演劇教育の学部・学科を立ち上げました。

　ご存じの方も多いかと思いますが，アメリカでは全ての州立大学に演劇学部があって，全大学リベラルアーツなので，リベラルアーツの核として演劇というのは位置付けられております。アメリカの州立大学の演劇学部は，もちろん演劇を学ぶ学生がたくさんいるのですが，他学科・他学部向けの授業をたくさん出していまして，副専攻で演劇を取る学生が非常に多いです。医者だけれども副専攻で

演劇を取っていたとか，心理学，セラピストだけれども副専攻で演劇を取っていたというようなことですね。

　僕は，今はそうでもないのですが，20年前によく言ってきたのは，日本では大学で演劇をやっていたというと就職に不利になるけれども，アメリカでは，演劇を副専攻で取っていると就職に有利になる。要するに，ヒューマンインターフェースに就く仕事では，演劇をするということは非常に重要な，先ほどの近藤さんのお話で言えばすぐに役に立つ教養として捉えられています。そういった学科を初めてつくりました。

　それから，四国学院大学は香川県の善通寺というところにある非常に小さな私立大学ですが，中四国地区初の演劇コースを開設しました。ここもリベラルアーツの大学ですので，リベラルアーツのメジャーの一つとして演劇コースを作ったところ，大変人気が出て，多くの学生に来ていただいています。

　それから，後でお話ししますが，大阪大学に，大学院における高度教養教育の中での演劇教育というところで呼ばれました。それから，東京藝大の教授もしばらくしていたのですが，ここでは領域横断型の，美術と音楽の学生たちに国際的に活躍するアーティストになるための教養としての演劇教育というところをしておりました。

　そして，昨年からは，日本で初めて演劇やダンスの実技が学べる公立大学ということで，兵庫県立の芸術文化観光専門職大学の学長に就任いたしました。専門職大学なので，キャンパスはなく，学舎と寮だけの構成になっています。学年80人，全学320人の小さな大学です。

　時間が限られていますので，ポイントだけ押さえたいと思います。大阪大学には，当時副学長であった哲学者の鷲田清一先生が大

学院の改革をしたいのだということで，ヘッドハンティングをされて移ったのですが，移ったからには何か意義を考えなくてはいけない。そこで気が付いたのは，大阪大学の学生は非常に優秀で，僕の授業を非常によく聴いてくれるのですね。僕の授業によく参加してくれる。これは何なのかというと，恐らく，リベラルアーツというのは人生に迷ったときに効くのではないかと感じました。

　大阪大学は，理学部の学生の9割，工学部の8割が大学院に進学します。ですから，大学院進学時点では迷いません。就職する人間のほうがどうしようかと迷いますし，M1（修士1年生）のときに，研究者になるか，企業に就職するかを迷うのです。そういった瞬間に，私のような全然関係ない演劇の授業を受けると，非常にこれが刺激的で身になるということを感じました。

　よくよく考えてみると，例えば明治時代，夏目漱石と正岡子規が旧制高校のもとである大学予備門で出会って，お互いの人生が大きく変わっていくわけです。正岡子規は青雲の志を持って愛媛から出てくるのですが，やはり自分は文学が好きなのだということになる。夏目漱石は，いったんは学問の道に行くのですが，最終的に大学教授の職をなげうって朝日新聞社に入社し，小説家になる。

　あるいは，私の世代の恩師たち，戦前の教育を受けた多くの方たちは，人生で大事なことは全て旧制高校で学んだとよくおっしゃっていました。あるいは，私と同世代の，例えば東大を卒業したような官僚たちでも，一番東大で楽しかったのは小田島雄志先生のシェイクスピアの講義だったという人がたくさんいます。

　近藤さんのお話にもあったように，一番大事な決断をするときに，そういった，今で言う言葉で文理融合ですが，異なる価値観，異なる領域を持った人間と徹夜で議論をしたり，人生とは何かにつ

いて語り合ったりする。そういうことが後々の人生に重要になるのではないか。

　これは藤野さんのお話にもあったように，例えば，女性とは何か，性とは何かということも同じだと思うのです。数えたわけはないですが，おそらく全国の半数以上の高校の生徒会長は女性です。でも，日本の社会構造では，企業の経営者も，国会議員も，大臣も，9割方男性です。これはいびつではないですか。そのいびつさに初めて気が付くのが，例えば大学入学時点であったり就職のときだと思うのです。そういうときに，もちろん具体的な女性学やフェミニズムの授業も大事だと思うのですが，古典や歴史を学ぶことによって，女性がどのように社会の中で扱われてきたのか，存在してきたのか。そういうことを考える機会が，恐らくこれから重要になってくるのではないかと思います。

　今日はこちらの大学のサバイバルということですが，大学全体で考えると，もちろん，今，大学全入時代ということで，各大学とも本当にサバイバルをかけた大変な競争時代に入っていますが，一方で，旧帝国大学にとってもう一つの問題は，大学院全入時代だと思うのです。

　先ほど申し上げたように，9割，8割の学生が大学院に入る。しかし，大学院の多くの先生方は，それを前提とした教育はしていません。全員が自分の弟子だと思って，研究者になるつもりの教育をしています。これはおかしいですね。全員が研究者になられたら困るのです。これ以上ポスドクが増えたら困る。でも，ほとんどの大学は研究者になる教育しかしていない。本来は，大学院でこそ教養教育，リベラルアーツの教育に力を入れるべきなのですが，なかなかそうなっていないのが現状です。そして，このことについては，

ほとんど全く問題にもなっていません。

　もう一つの問題は，一般教養科目といわれるものと本来のリベラルアーツに大きな隔たりが起きていることです。普通の大学では「般教」と言うと思うのですが，先生方はご存じのように，かつてはどの大学にも一般教養科目があって，教養学部の先生がいらっしゃいました。ところが，これが非常に形骸化し，大学教員の吹きだまりのようになってしまって，ではこれは全部廃止だということになって，いったん解体されました。東大やICUだけが教養学部を残したわけですが，今になってこの見直しが行われています。

　多少我田引水になりますが，ICU（国際基督教大学）では，一般教養科目を持てるのは，そのジャンルのトップの先生方だけでした。私が受けた一般教養科目は，社会思想史の武田清子先生，あるいは科学史の村上陽一郎先生，あるいは大塚久雄先生。大塚久雄先生はもう80近い年齢で，ずっとこの一般教養科目だけを持たれていました。前列2列は教員です。いつ最後になるか分からないので，教員が全部聴きに来ていました。

　本来，一般教養科目というのは，先ほど近藤さんのお話にもあったように，教員の生きざまを見せるものなので，そのジャンルのトップクラスの教員しか本来は持ってはいけないはずです。

　これも我田引水になりますが，私が学長を務めている芸術文化観光専門職大学では，アートを扱う大学だということもあって，本物だけを経験させようということで，文学は高橋源一郎先生，社会学は宮台真司先生，哲学は内田樹先生，経済学は水野和夫先生，そして演劇史は貴学の内野先生にお願いしています。

　本来，集中講義でもいいので，こういったその世界のトップクラスの先生にその学問の本質を伝えていただく。「教養」というと，

日本語では「幅広く」というイメージがどうしてもあるのですが，そうではなくて，その学問の本質を伝えることが本来のリベラルアーツではないかと思っています。

さて，劇作家の井上ひさし先生は，常にこのようにおっしゃっていました。「むずかしいことをやさしく　やさしいことをふかく　ふかいことをおもしろく　おもしろいことをまじめに　まじめなことをゆかいに　ゆかいなことをいっそうゆかいに」。これが私にとってのリベラルアーツの本質だと考えています。

もう一つ，これは用意していなかったのですが，PBL 問題が今勃発しましたので。こういうことがあったときに仲裁役をしろということで，私を最後にしたのだと思いますが，これは私も大阪大学の教員間で議論をしたことがあるのです。PBL，PBL と言っているけれども，どうなのだろうか。

PBL というのは，Project Based Learning と言う方と，Problem Based Learning と言う方，両方いらっしゃいます。実は，ここに PBL 問題の本質があると思うのです。課題解決型，課題解決型と言うのですが，私は特に高校などに指導に行くときに，「その子は今，それを課題と思っていますか？」ということをよく聞きます。与えられた課題ではなく，＊ Concerned ＊ Based Learning，要するに，関心をまずもとにする必要がある。

ですから，恐らく近藤さんと西川先生は同じことを言ってらっしゃると思うのです。留学などを通じて何かとにかく関心を持ってもらう。今の子たちは，基本的に，豊かで暮らしやすい日本に生きていますから，課題などないのです。そこに大人が無理やり「これが課題だ」と言っても，無理です。課題を大人が差し出すのではなく，どうすれば課題を見つけるように仕向けられるか。これがこれ

からのリベラルアーツの非常に大きなポイントではないかと，今日，お話を聞いて考えました。

　最後に本学のことです。なぜアートと観光なのかとよく聞かれますが，アジアの諸外国は皆，文化政策と観光政策は一緒に進めているのですね。日本だけが，文化庁は文部科学省，観光庁は国土交通省というように別々の省庁になっています。だから文化観光というのはうまくいかないのです。

　少しお考えいただくと分かると思うのですが，日本はコロナ以前，インバウンドで大変潤ってきました。これはいろいろな要因があると思うのですが，最大の要因は円安と東アジアの経済発展でした。中国・東南アジアに10億人近い中間層が，今，一挙に生まれつつあります。大体所得が300万から400万を超えると，海外に出掛けるようになります。70年代，80年代の日本人がそうでしたし，90年代の韓国の方がそうでした。初めて行く海外旅行先に，中国・東南アジアの方たちが安くて近くて安心・安全な日本を選んでくださったということです。でも，次にもう一回来てもらうときに，富士山を何度も見たいという人はあまりいません。

　そうすると，これからは，食，食べ物やスポーツも含めた中身，コンテンツが重要になってきます。こういうものを観光学の世界では文化観光と呼ぶのですが，この文化観光の中でも特に日本が弱いといわれるのが，芸術文化，夜のアミューズメントです。これをナイトカルチャー，ナイトアミューズメントというのですが，海外の富裕層の方が来ると，日本は素晴らしいけれども夜が退屈だとおっしゃいます。ブロードウェイのような家族で楽しめるミュージカルや，初老のご夫婦が安心してジャズを聴きながらカクテルを飲めるようなお店がまだまだ足りません。

　私は，観光学，観光教育というのは究極のリベラルアーツだと申し上げてきました。私たちは専門職大学であって専門学校ではないので，ホテルのフロントマンをつくるのではなくてコンシェルジュをつくるのだとも言ってきました。一流ホテルのコンシェルジュというのは，歴史学や文化人類学の知識もあって，海外からお客さまが来て質問されると何でも答えられなくてはいけない。それだけではなく，ニューヨークやロンドンの高級ホテルのコンシェルジュは，お願いすると電話一本でブロードウェイのチケットを押さえてくれるわけです。もちろん自分でも重要なオペラやダンスや演劇の最新作は見ていますし，美術展なども全部見て回っています。その上で，きちんとその家族のニーズに合わせてレコメンドできます。ですから，深い教養がないとコンシェルジュというのは務まらないわけです。

　コンシェルジュというのは，文化観光の一番集約したものの例えとして言っているのですが，これから日本の生きる道は，従順で根性のある産業戦士をたくさん育てることではありません。そういう方たちは東アジアにあと 10 億人ぐらいいるわけですから，これから富を持つであろう東アジアの方々に質の高いサービスを提供しなくてはいけません。そのサービスというのは，人との違い，付加価値です。付加価値は新鮮な体験の組み合わせからしか生まれないというのが最近の教育学の常識になっているので，まさにリベラルアーツをきちんと教えていないと，サービス業中心のこれからの日本社会には貢献できないのではないかと考えています。

　それから，日下部さんがおっしゃっていましたし，ほかの方も言及されていましたが，伝え方ですね。ここがやはり弱いと思うのです。iPS 細胞でノーベル賞を取られた山中先生から直接お伺いした

話なのですが，ライバルはスタンフォード大学なのです。同じころにiPS細胞の研究棟を建てました。何が違うかというと，向こうは革張りソファ付きの映写室を最初からビルの中に建てているのです。それだけではなく，コンピュータグラフィックスのデザイナーを3人，チームに入れている。向こうは中身ができる前からどう伝えるかを考えているわけです。

　ご承知のように，アメリカというのは寄付で研究が続きますから，研究成果をすぐに市民や製薬会社に分かりやすく伝えなければいけません。日本は，昔よりよくなったとはいえピアレビューですから，日本の研究者は同業者間の評価に堪えるような言説しか持てません。これではいつまでたっても国際競争力が付きません。

　この伝え方を工夫するということはとても大事なことで，先ほどのPBLやアクティブラーニングでも，私はよく高校の指導に伺うのですが，今，どの高校も探究型の授業はしておられます。そして探究型の授業には必ずプレゼンを伴います。今の高校生はパワーポイントの使い方も非常にうまくなっています。でも，聞いている側は，30年前，50年前と一緒で，体育館に体育座りです。アメリカの大学は，ハイスクールでも，きちんとこういったきれいな講堂を持っているでしょう。日本の教育は観客を全く意識していないのです。探究型の授業には，実は観客，誰に伝えるかが重要です。このようなところも，これも我田引水になりますが，演劇，あるいは演劇的手法を使ったコミュニケーション教育の役割が非常に大きいと思っています。

　最後に，今日は大学のことを話すわけですので，少しお話をしておきますと，明治期に国立大学がたくさん生まれました。これは，強い国家をつくるために国策としてできてきたわけです。戦後は公

立大学がたくさん生まれました。今は，数の上では公立大学のほう
が国立大学よりも多くなっています。

　ここでは地域に必要な人材を育成する公立大学をたくさんつくっ
てきました。今でも看護系が一番多いですし，それから福祉系，そ
して，今は情報系ですね。情報系の新しい学部がどんどんできてき
ています。しかし，近藤さんもおっしゃったように，この情報系の
授業というのもすぐに古くなってしまうのです。確かに今必要な人
材なのだけれども，本当にそれだけでいいのかというのが，今，大
学に問われているのだと思います。

　私たちの大学は，大学がある豊岡市は城崎温泉を抱えていますの
で，確かに地域に必要な人材を育成するのですが，一方で，明日地
域にどのような人が必要になるかを考えられる人材を育成する大学
だと言ってきました。社会の変化がこれだけ早くなっている時代
に，今必要な人材を生むのではなくて，何が必要となるかを考えら
れる人材を育成することが，本来の大学の責務ではないかと思って
います。

　そのときに，未来に向けてさまざまな教養を身に付けられるリベ
ラルアーツというのは，今後非常に，ますます重要になっていくの
ではないかと思います。この後，パネルディスカッションがあると
思いますので，またそこでお話ができればと思います。どうもあり
がとうございました。

　澤田　平田先生，ありがとうございました。これから休憩に入
ります。

3　パネルディスカッション

　　澤田　あらためまして，2部を始めたいと思います。先ほどは
5人のパネリストの皆さまからお話を頂きましたが，これより
パネルディスカッションに入ります。このパネルのモデレータ
は，本学コミュニケーション学科教授，金城亜紀です。それで
は，金城先生，パネルの進行をよろしくお願いいたします。

　　金城　ありがとうございます。先ほどは
気合と愛情に満ちたオープニング・リマー
クスを先生方から頂きまして，本当にあり
がとうございます。私も食い入るように
伺って，一生懸命メモを取りました。どう
ぞよろしくお願いいたします。

　それでは，5人の先生方から，まさにさまざまなお立場から多様
なご意見をリベラルアーツ教育について承ったわけですが，あえて
私のほうで，パネルを進行するに当たりまして論点を三つほどご提
示させていただきます。

　まず1点目が，何人かの先生方にお話しいただきましたリベラル
アーツ教育の在り方，具体的には，ありていに申し上げますと，リ
ベラルアーツ教育は役に立つのかという問いです。

　私どもはリベラルアーツ教育を標榜し，一生懸命取り組んでいる

大学ではあるのですが，役に立つのかという問いについては，正面から考え抜いた，あるいは議論をしたということは少なかったと思います。たぶんその理由の一つには，ひょっとしたらノーという答えが出るかもしれないということがあったかもしれません。そういう意味で，功利的な意味ではなく，リベラルアーツ教育は実は有益であるというご意見を頂けたのは，心強いです。

　日下部さんは恐らく，日本の組織のある種のしがらみや組織文化・風土に染まることなくのびのびと社会人をされたという，少し珍しい方かと思います。グローバルにご活躍された経験を踏まえて，実務家としての活躍と大学におけるリベラルアーツ教育ということについてのご意見をいただけますでしょうか。

　日下部　分かりました。私が思うことが2点ありまして，一つ目は，大学を卒業してある種の職業に就きますと，プロフェッショナルとして評価されたり，成果を上げたり，自分がやりがいを感じる部分がどういうプロフェッショナルになるかというところで，自分も価値を見ていくようになるので，大学生のときに一番，幅広く見るチャンスがあると思うのです。

　私自身も大学院のときに一番わくわく楽しかったと思うのが，当時，非常にベンチャー志向が低かった東大で，自分だけが学部の中で興味を持って起業家支援ネットワークを立ち上げて，先生も巻き込んで，最後にはみんなでシリコンバレーに行ったのですね。

　今では普通の話なのですが，当時は私ともう一人しか経済学部にベンチャーに興味のある学生がいなくて，でも，そのときが一番燃

えていたのです。そういう内発的なモチベーションでどんどん好奇心を掘り下げて活動できるのが，実は学生時代が一番自由度が高いのです。だから，そのチャンスは絶対生かしたほうがいいと思います。

　2点目は，日本に帰ってきて気になるのが，尺度が狭かったり浅かったりすることです。何かというと，人を見たり，何かをいいと思うときの感覚が，海外のほうがスイートスポットがたくさんある。こういうのがいいねという尺度が多様でたくさんある感じです。日本はどうしても，女性だったらこういう女性がいいとか，こういうプロフェッショナルがいいというのが，起業家を増やしましょうというと起業家ばかりをもてはやすなど，単一の尺度でばっとみんなが集まって，ちやほやしてしまう。そうすると，その人はその世界しか知らなくて，何かいいつもりになっているけれども，海外から見ると，もっともっといろいろな世界がある。そういうように私からは見えてしまうのですね。

　そういう世界観にはまらないためには，リベラルアーツのような横断的な学問とか，人類全体の英知を学ぶような姿勢を，職業教育に入る前に，早めにたくさん体験していくことです。人間としての深みをつくったり，いろいろなものの尺度，プロフェッショナルとして活躍するためにも，そこが非常に大事ではないかと思いました。

　金城　ありがとうございました。平田先生が，リベラルアーツが役に立つのは迷ったときだとおっしゃったかと思います。そうしますと，逆に言えば，あまりこれまで迷うことがなかったのでリベラルアーツが役に立たなかったのかという気もするのですが。

　平田　大学の１年生で，大学の学びの基
礎として一般教養科目を置くことが，今の
時代に合っているかどうかが問題だと思い
ます。それよりも，例えば本学で言うと，
多くの大学がそうだと思うのですが，今，
就活が早まっていまして，２年生の後半ぐ
らいが一番迷っているところなので，そのあたりに置いたほうがい
いのではないかという技術的な問題がまず一つあると思うのです。
要するに，大学生が一番聞いてくれるときがいいのではないかとい
うことです。

　一方で，例えば私は大阪大学で医療コミュニケーションの手伝い
をずっとしてきたのですが，大阪大学医学部看護学科は，最初の宿
泊オリエンテーションで僕のワークショップを３時間，毎年受ける
ことになっています。ですから，別に教科に限らず，何かピンポイ
ントで，学生の関心に合わせて授業を組み立てていくような時代に
なってきているのだと思います。

　もう一つは，私は新しい大学をつくったのですが，先生方ご承知
のように設置審というのが文科省にあって，カリキュラム，シラバ
スを非常にきちんとしなくてはなりません。必ず積み重ねていかな
くてはいけないように，日本の大学のカリキュラムはなっているの
ですが，PBL というのは，一回性の非常に個別の問題を解決する
ということなので，積み重ねではないですよね。ですから，PBL，
PBL と言うのであれば，積み重ねではない部分をきちんと大学が
許容できないといけない。確かに学問というのは積み重ねなのだけ
れども，一般教養というのは必ずしも積み重ねとは限らないのだと
いうところを考えないと，積み重ねの基礎としてしか一般教養が位

置付けられない。ここが一番，これまでの日本の大学でのリベラルアーツの扱いが問題だったのではないかと思います。

　金城　ありがとうございます。西川先生に伺いたいのですが，先生のご報告を伺い，ある意味，大学よりも先行しているのではないかという気がいたしました。特にチョーク＆トーク型の授業から脱却して総合知を目指していることも含めて，ご意見を伺えればと思います。

　西川　リベラルアーツを「教養」と訳すということになると，実学と反対側にある言葉のように取られていると思うのですね。先ほどもお話ししましたように，最近の保護者は非常に実学志向で，社会のどういう役に立つのかという視点に立っています。その中で，学習院女子大学さんが目指しているリベラルアーツが何であるかを明確にする必要があるのではないでしょうか。それが一般教養ということなのか，それとも，こういったことを学ぶことが社会にもこういう形で生きる，あるいは人生の中にこのように生きるというような立ち位置を取るのか。そのリベラルアーツの意味付けをしっかりされると良いのではないかと思います。

　本校のカリキュラム「総合知」の狙いは，先ほどもお話ししましたが，社会で生きる学びというか，点と点をつなぎたいという気持ちでつくったカリキュラムなのです。意外と生徒というのは，各教科や授業で学んだことを「そうか」と受け止めて，そこで終わってしまうわけです。それが，教科同士，例えば社会や理科で学んだこ

とが，どうほかのところで生きるのか，ほかの学びとどうつながっていくのか，社会にどうつながっていくのか，自分の人生にどうつながっていくのか。そういうつなげるという作業が今までのカリキュラムには欠けていたのではないかというようなところから，「総合知カリキュラム」をつくったわけです。そういった点と点をつなぐという意味では，リベラルアーツと真逆のことでは全くないと思っています。

　金城　藤野先生，また少し違った見方でいろいろお考えなのでしょうか。

　藤野　今のリベラルアーツ教育が役に立つのかということについて，お伺いしていた範囲で言いますと，私は普段は小説を書いていて，言ってみれば，結構世界が狭いんですよね。今日，普段私が生きていく上ではお目にかかれないような方々と同席させていただいて，とても興味深く皆さんのお話を伺っているのですが，例えば，私は PBL という言葉を初めて聞きました。これは非常に単純な例なのですが，言語が違うと思うことがけっこうあります。同じ日本語を話しているけれども使っている分野が違う，普段から親しんでいる言葉とは違う言葉を使って話している人たちがいるということなのですが，このリベラルアーツというのは，そういう違う言葉があることを知るということでもあるのではないかと思うのです。

　今，点と点をつなぐとおっしゃったのですが，人というのは，共

通の言語で分かり合ったり話し合ったりするものなので，言語を増やすというのはいいことしかないのではないかという気はします。

金城　近藤先生，ひとまず PBL は置いておいて，これまでの議論を踏まえてもう少しお話しいただけますか。

近藤　平田先生が「困ったときのリベラルアーツ」とおっしゃいましたが，これはなかなかいい言葉ではないかなと，私も実感しています。僕が今，奉職している大学の学生の知的レベルは，正直言って，それほど高くはありません。満たされている日本の満たされている学生になってしまっていて，いろいろな意味で意欲がなかなか外に出てこないのですね。

だから，課題を見つけるとか，日本に何が欠けているか考えてみろといきなり突き付けても，なかなかピンとこない。そういうところから出発しなければいけないのですが，でも，彼らも追い詰められる時期が必ず来ます。2年生の後半ぐらいから，いよいよ就活をしなくてはいけない。そうすると，今まで満たされ切っていて，大部分の学生が地元からあまり出たくないとか，安定志向とか冒険したくない志向が強い子が多いです。

ただ，僕が見ていて，そうした志向は悪い面ばかりではないと思うのです。僕らの世代のように，リスクを取って働いたりいろいろなことにチャレンジすればきっといいことがあるに違いないという高度成長時代のような発想は彼らには全くなくて，その代わり，非常に冷静です。

　僕は，授業でベンチャー企業を取り上げて，『週刊東洋経済』が8月ぐらいに特集する「すごいベンチャー100社」というのを毎年見せて，この100社の中であなた方の好きな会社を五つ選んで，好きになった理由を書きなさいということをしているのですね。そうすると，もちろん選んでくるのですが，その理由が，これは割と早く安定しそうだからとか，社会の需要が幅広く見込まれそうだからということなのです。もう少しチャレンジングな発言とか，自分もこういう世界に一回飛び込んでみたいというような発言が出るかと思ったら，出ないのです。そういう意味では消極的で，なかなか課題が出てこないという面はあるのですが，一方で，与えられたものを単純に信じるとか一定方向に突っ走るとかいうことがないので，アジテーションに踊らされない頑健性があります。

　マスメディアなどがいろいろ言っても「本当か？」と疑問に思うとか，そういう癖は意外と付いているので，そういうことをもう少し生かしてやって，しかしながら就活はどこかでリスクを取らなくてはいけませんから，そのときに働くということのモチベーションを付けていく。それはまさに，何かしなくてはいけないときの，困ったときのリベラルアーツということで，そこでぱっと先人の生きざまなどを見せてあげるわけです。

　例えばプロ野球選手でもいいです。僕はよく中日の山本昌投手を例に出すのですが，彼はプロに入ってもドラフト1位でも何でもなくて，地味なところから入って，地味にやって，それで50歳近くまで現役だった人です。そういう職業人人生のいろいろなパターンを見せてあげて，働くというのは意味があって面白いものだと実感させる。それは文学の中にもいろいろなものがありますし，歴史の中にもありますので，そういうときに使うと効果的かと思います。

そういう意味では，先ほど平田先生もおっしゃいましたが，1・2
年生のときに教養教育をはめ込むというのは，あまりいいやり方で
はないと私も思っています。

　　金城　本学におけるリベラルアーツ教育の重要なポイントになる
のが，女子大においてリベラルアーツ教育をどうすべきかという問
題，課題で女子教育，女子大におけるリベラルアーツ教育につい
て，考えてみたいと思います。

　　先ほど，西川校長から，中学・高校レベルにおいても共学化が非
常に進んで，女子校の多くが共学人気に押されて女子校であること
をやめているという流れがあるというお話を頂きました。そういう
ことも踏まえまして，女子大でのリベラルアーツ教育，女子大なら
ではのリベラルアーツ教育という観点で，何かご意見を頂けますで
しょうか。

　　西川　忌憚のない意見をと言われているので，うちの進路の担当
者と，今回出席させていただくに当たっていろいろと話をしてきた
のです。例えば，学習院女子大さんの強みや弱みは何だろうという
話も，実はしてきたのです。学習院女子大さんは大変魅力的な大学
ですが，リベラルアーツ教育の単科大学で女子大学という特徴は，
現代の女子高校生の価値観と照らし合わせたときに，むしろ弱みに
なっているかもしれないという意見がありました。

　　それは，先ほども言いましたように，「教養」という言葉で言え
ば，リベラルアーツ教育を強く押し出したときに実学と対立的に捉
えられやすいということ。それから，日本文化，国際文化，国際コ
ミュニケーションという三つの学科構成をお持ちですが，「文化」

「国際」という名称が重複していることで，逆に，先ほど言いました多様性を求める現代の女子高生や保護者などから，レンジが狭いのではないかと思われがちなのではないか。さらに，女子大学であるということで言えば，ジェンダーという多様性も狭く捉えられてしまう。そのようなことが，逆に言えば，うまく打ち出せれば，ほかの学校にない強みになるのではないか。

　打ち出し方によって，学習院女子大さんの学びの印象というものの魅力，本当の魅力を知らずに選択肢から外してしまうということがないように，先ほども言ったのですが，学習院女子大さんの目指すリベラルアーツ，あるいはそれを通して育てたい女性像，社会で活躍する女性像といったものをしっかりと打ち出され，学んだことを社会実装できる女性の姿を打ち出されると，それは逆に非常に強みになるのではないかと思います。

　金城　同感です。藤野先生にお伺いしたいのですが，藤野先生は先ほどのリマークスの中で，この社会で女性であるということはどういうことなのだろうか，この社会の制度的な課題・問題はたくさんあるという趣旨のことをおっしゃったかと思います。そういう文脈も含めまして，女子大におけるリベラルアーツ教育についてのお考えをお聞かせ願えますでしょうか。

　藤野　そうですね。私は，フェミニズムという考えを知っておく，そういうものを基本的な考え方としてあらゆるものに対応していくということが大変大切であると思うのですが，正直に言って，それは女性だけが言っていてもしょうがないんですよね。もちろん女子大で女性の学生さんを相手にそういう知識と考え方を身に付け

てもらうというのも絶対に必要なことだと思うのですが，一歩社会に出たら，上はそういう人を目の敵にしたりしますし，そうでなくても悪気があるのかないのか分からない，ごく自然に抑圧してくる中高年以上の男性の巣窟なわけです。だから，本当はそちらを教育しなくてはいけないんです。

　いつでもそうなのです。何かセクハラがあったときでも，加害者がその場に残って，被害者が去るという結果になってしまうことばかりです。本当は逆ですよね。被害者に「カウンセリングに行ったら？」と言うのですが，本当は加害者がカウンセリングに行くべきです。そういうことと一緒で，女性だけが高い意識を持っても厳しいなというのは，正直，あります。でも，必須ではあると思います。

　だから，女性だけにその知識を身に付けることを押し付けるのは，私の思っている理想の社会とはだいぶ懸け離れてしまうのですが，どこから始めるかという問題があって，本当に小さな，できるところからやっていくしかないという意味においては，もちろん女性たちがそういうことを知るというのは不可欠であると思います。

　ですから，学習院女子大学さんが一体どういう女性を送り出したい，どういう人になってほしいと思っておられるのか，私は存じ上げませんし，どこまでのことを思っていらっしゃるのかというところもあるとは思うのですが，私はもうすでに，平和的な解決では済まないような事態にまで追い込まれていると思ってるんですね。ここでそういう知識を身に付けた人たちが，軋轢を起こしながら，ある種の争いを起こしながら社会を変えていくということになっていくと思うので，学習院女子大学さんもそういう人たちと一緒に戦っていく覚悟を持ってほしいとは思います。

金城　つまり，伝統的な女子大学のあり方を修正しないといけないということですか。

藤野　当然，そういうことですね。

金城　平田先生の大学は，共学ではあるのですが，比較的女子大生も多いと伺っているのですが。

平田　はい，1期生は8割，2期生は85％が女子です。これはたまたまなのですが，うちは初年次教育で6クラスに分かれていて，今年は五十音順で「あ」から「た」ぐらいまでが全部女子なので，1組2組が全部女子になってしまっています。

　ただ，演劇のことで言いますと，演劇というのは，俳優だけでなく，照明や舞台美術，衣装，小道具など，いろいろな役割があるわけです。劇団などでは，従来は男性が大道具，女性は楽屋で衣装の整理や小道具作りを担うのですが，高校の演劇部も女子が多くて，そうすると，無意識に男性が担ってきた，男性がするものだと思われてきた役割も女性が担うことになります。最終的にはそれ自体も問題なのだけれども，女子高や女子大のほうがそういった役割を担う機会があるということは事実です。これは，女子高，女子大の強みです。実際に本学も，舞台美術も照明も，みんな中心は女子の学生がやっています。

　さらに，僕が非常によかったと思うのは，一人の男子学生が，入ってきたときから「ファッションに興味があるのです」と僕のところに言ってきて，「じゃあ，舞台衣装をやったら？」と言ったら，彼は衣装にのめり込んでいったのです。もともとジェンダーフ

リーの，普段からスカートを時々はくような学生で，LGBTQ では
ないけれども，そういうファッションに興味があったようです。この間，久しぶりに話したら，将来も，そういうものの服飾デザイナー，要するに男性がはけるスカートを作ったりするほうに行こうと思っているようなことを言っていました。

　だから，自然状態にしてしまうと，残念ながら，まだまだ男性の仕事，女性の仕事というのが日本にはある。そこが，女子大とか女子の多い環境だといったん崩せるというのは，誤解を与える表現になるかもしれませんが，一つの，今の強みであることは確かですね。

　金城　先ほど，日本の組織は中高年男性の支配する一種の牙城だという趣旨のご発言がありました。まさにそういうところで人事部長をされていた近藤先生のご意見もお伺いできればと思います。

　近藤　私は銀行を中心としたビジネスの世界のことしか存じ上げませんので，その経験の範囲で申し上げるとすれば，僕は，ポテンシャルとして女性と男性でどちらがビジネスにおいて有利かということは，どちらとも言えないと経験的に思っております。

　というのは，私が勤務していた銀行が，バブル崩壊後の不良債権の圧迫で非常に経営状態が悪くなって，最終的には国有化というところまでいったのですが，その過程で，本人が好むと好まざるとにかかわらず，多くの人が次の仕事を求めて銀行を出ていったわけです。男性と女性，個人個人いろいろな人生観や職業観で巣立っていくのですが，そうなったときの女性の強みというのが私には非常に印象に残っています。

　男性だと，どうしても次の職場もまた大企業を探すという発想になっていた人が多かったような気がします。ところが，女性の場合は，まず資格の勉強をするのです。その当時に銀行を辞めた女性で，今，士業というのでしょうか，弁護士や税理士，社労士などを独立してずっとやってきている女性も結構います。企業の経営者になった女性もおります。男性でも意外と，銀行にいたときにはあまりぱっとしなかったけれども，外に出たらきちんと中小企業の社長が務まっていたとか，そういう事例も私はたくさん見ております。

　ですから，確かに日本の大企業は，もったいない人材の囲い方をしているかもしれません。男性でもそうだし，女性もそもそもポテンシャルが発揮できなくて辞めた途端に非常に実力を出した。これは男に限らず，女に限らず，あるのではないかと私は思います。

　ただ，一つ申し上げたいのは，ビジネスの世界では人を属性で評価してはいけないということです。別に，男だからどうとか，女だからどうとか，若いからどうとか，年を取っているからどうとか，経営者の評価はそういうことでは決まりません。経営者の評価というのは，あくまで，優れたビジョンを打ち出せるかどうか，人が付いてくるかどうか，最後に結果が出るかどうかということで決まります。男であるとか，女であるとか，若いとか，高齢であるとか，属性は関係ない世界ですね。女性だからとか若いからとかマイノリティだからということを強調する議論は，正直言って，私はあまり好きになれません。ビジネスの世界で成功するには3条件です。優れたビジョンを出せること，人が付いてくること，そして結果が付いてくることです。特に第3の結果というのは運もありますから，運も実力のうちという言葉もありますが，属性は関係ない世界です。そのことは女性の方にもよく知っておいていただいたほうがい

いと私は思います。

　金城　日下部さんは，私が知る限り，まさに属性があまり関係ない，実力だけの世界でずっとやってこられたと思うのですが，そういう方から見て，日本の女子大というのはどのように見えますか。

　日下部　今，金城先生がおっしゃったように，比較的私は，自分が女性と意識しないでやってきたタイプです。大学でも大学院でも投資銀行でも，いつも女性が一人ということばかりをやってきたのですが，その割には，意識せずにやっていく中で，自分が意識していないで活動しているだけに，「日本はまだこうなのだ。あれ？」と思わされることに時々行き当たりました。

　金城　例えば，どういうことですか。

　日下部　例えば，多国籍機関にいたので，経営者などに普通に意見を述べるのが，そのほうが自分が付加価値を出していると思って，会議だとそれが自分のバリューアッドだと思って発言します。
　けれども，何となく，年配の男性がいるところで私がその意見を言うと，これは偉そうに思われすぎたからやめておいたほうがよかっただろうかとか，海外では考えなかったようなところに気を使っている自分がいて。

　金城　日本では，ですね。

　日下部　はい。日本は，仕事の中身でないところにエネルギーを

使っていることがもったいないというか，そこに皆さんが気を使っているから非効率もあるのではないかという気付きがありました。

　近藤先生が今おっしゃったように，同時に，だからといって，フェミニズムというよりは，ダイバーシティの捉え方が日本はまだ古いというか，あまり男女で分けて「女性だから活躍させなくてはいけない」ではなくて，男性であれ女性であれ，何をやりたい人で，この人はクオリファイドなのだからチャンスを与えるべきだ，だけれども与えられていないときには問題視して，例えば国際機関であればオンブズマンに行くとか，そういう仕組みがあるので，マイノリティだから偉いのではなくて，やりたいことがはっきりしていてクオリファイドなのにチャンスがなぜか与えられていない場合のメカニズムが，海外のほうがインフラがあるから，不当に扱われたときの対応環境が普通になっている，別にわざわざ連呼しなくてももうある，というところが違うので，どちらかというと，男女を分けた教育というより，暗黙のバイアスがみんな掛かっているところがあると思うので，その枠を越える思考法を学ぶ教育が大事ではないかと思います。

　あと，伝統のある大学という意味では，本当のレディとかジェントルマンは，実はそういう変な扱いはしないのです。ヨーロッパの，本当の伝統的な，いいほうの伝統の教育機関というのは，本当のレディやジェントルマンは教養が深いので，そういう扱いはしないのです。中南米という地域は非常に保守的で，マチスタといわれるように，男尊女卑のように言われるところもあるのですが，本当の上流階級の教養が高い経営者に会うと，非常にきちんとしていて，女性も丁寧に扱いますし，国際的です。だから，そういう人たちがもっと，国際人としては，日本人として持って当たり前のスタ

ンダードが，そのスタンダードが日本と海外では違うというところ
を客観視できる教育者を増やして，そこを意図的に作り込んでいく
というのがいいのではないかと思います。

　金城　本学のリベラルアーツ教育を考えるに当たりまして，もう
一つ大きな課題があります。それは，本学は私立大学ということで
す。国や地方公共団体から税金を賄って，そこから歳入を得ている
のではなく，ほとんどが学生さんならびに保護者の方からの授業料
等々であるということで，かすみを食べては生きていけないわけで
すね。

　現実問題としまして，この10年間の推移を数字で見ると，受験
生がほぼ一貫して減ってきているわけです。リベラルアーツ教育を
女子大でしていくということについて，それなりに頑張っているつ
もりだけれども，何かが足りない。それが市場からのメッセージと
して志願者減に表れている可能性が高い。そう考えるのが，たぶん
素直な見方ではないかという気がします。

　What's missing？　何が欠けているのか。先ほど，西川先生か
ら，伝え方がはっきりしないのではないか，受験生や保護者に対し
て目指すものをもう少しはっきりしたほうがいいのではないかとい
うご意見がありました。そういうことも含めて，残りの時間でもう
少し考えていければと思います。

　平田　本当に学生募集は大変です。本学は，公立はやはり人気が
ありますので，初年度は7.8倍という自分たちでもびっくりするほ
どの倍率で，北海道から沖縄まで全国から学生が来ました。それか
ら，85％の学生が第一志望で入っています。こういう大学は非常

に少なくて，秋田国際教養大とかうちぐらいしかないのですが，一方で，新しくできた専門職大学の多くは，学生募集に苦戦しています。専門職で，観光は成長産業だということが分かっていて，就職も 100 ％ある。でも来ないのです。

　うちは観光とアートを結び付けて，日本というよりもアジアでもオンリーワンの大学をつくったので，恐らくコロナ後は海外からも来てくれると思うのですが，よほどの何か特色を出さないと，少なくとも地方の大学は来ないですね。それが現状かと思います。

　ですから，僕は，この都心にありながら素晴らしい，美しいキャンパスとか，伝統とか，そういったものにもう一度立ち返られたほうがいいのではないか。目先の就職とかではないものを学習院女子は求められていると思いますので。本当に大変だと思いますが，では何かというのは皆さんがご議論なさることかと思うのですけれども，少なくとも何かぽんと付ければ来るような時代ではもうないということですね。

　金城　藤野先生は，やや僭越な言い方になりますが，作家であられて，小説家であられて，でも，本は売れないといけないわけですね。正しいことをしていればいいとか，好きなことを書いていればいいということだけでは済まない。そういう意味においては，私たち大学と少し共通するところもあろうかと思うのですが，そのあたりのバランスはご自身でどのようにお取りになられて，もし何か私たちのヒントになるようなことがあればおっしゃっていただければと思います。

　藤野　残念ですが，私は好きなことしか書いたことがないです。

今，私が仕事をさせてもらっている分野は，文学に分野をつくるということに対する意見はいくつかありつつも，一応，純文学という分野です。純文学といえば売れないというようなイメージがあるかもしれませんが必ずしもそうではなく，純文学でも大変な売り上げを誇る小説というのは一定数あって，社会現象になったりもしていると思います。それはそれとして，私は，書いているときに「売れる小説を書きましょうね」と言われたことはありません。人によると思うのですが，私は，純文学作家の中でも特に編集者さんから何も求められずに，好きにさせてもらっているほうだと思います。やはりそれは，エンターテインメントの小説を書いている作家の方と話をすると少し違うなと思いますし，漫画家の人と話をするともっと違います。ですから，かなり私は特殊な世界で甘やかされて，恵まれてやってきていると思います。

　ただ，だからといって経済的に保証されているわけではなくて，私は細々と生きていかざるをえなくて，確かにそこは自分が好きにやっていることの責任を取ってはいます。

　私は，人を呼び込むことに関してはどちらかというと駄目なほうの人間なので，特にお役に立てるような意見は言えません。でも，とはいえ，やはり人間というのは結局はやりたいことしかやれないのではないかと思うんですよね。私はたまたま，自分のやりたいことが，今の世の中に同時に生きている人たちとある程度共鳴するところがあったから，この仕事をなんとかやっていけているだけの幸せな人間なのだということは，いつも思っています。

　金城　大学にはマーケティングが求められているのでしょうか。

日下部　私が思うには，この世の中で大事なのは，ターゲットを理解することではないですけれども，今はやっているデザイン思考のベースにあるのが，ユーザーだとか相手を理解する。あるいは，自分が学問をやっているときであれば，対象を理解する。国際機関であれば，相手の途上国がどういう国で，何に困っていて，この企業は何を＊しようとしているか＊。そういうことを理解すると，いいプロジェクトが作れる。そういう出発点で，大学も同じような発想で考えますと，リベラルアーツのカリキュラムを，教員側も面白くするというのでしょうか。受ける側とか，これから大学を選ぼうという学生さんが，これは面白いなという，ただ表面だけのマーケティングではなく，授業の内容も，現代のいろいろなツールとか，見せ方とか，クリエーティブなビジュアルとか，何か新しいものも取り入れながら，伝統×テクノロジーイノベーションではないですが，伝統に新しいものも少し取り入れて，かつ，ターゲットをよく理解して，今世の中はこういう産業動向でと。

　というのは，私が学部生のときに取って面白くないと思っていた科目が，INSEAD というフランスのビジネススクールに行ったらめちゃくちゃ面白くて，急に関心が高まったケースがあったのです。それはなぜかというと，先生がリアルケーススタディーを使って，今起きている本当の企業のケースでディスカッションしたからです。それで，同じ科目がわくわくするように面白くなったので，学生さんを引き付けるには，こちらがコンテンツ開発を積極的にするような教員がプロモートされるとか，そのような人材の開発そして成果に対する評価があってもいいのではないでしょうか。

金城　日本の伝統的な会社と大学，両方経験されている近藤先生

はどう思われますか。

　近藤　教職員がやりたいことをやるというのが，第一ではないでしょうか。PBL をまた出してはいけないのですが，心にもない，流行りのことを追い掛けるというのが一番よくないと思います。

　教職員が何か腑に落ちないというか，腹にストンとこないようなスキルを使うとか，教育内容を無理やりやるとか，これがたぶん一番よくないと思います。確かに，目先の新しいことをすれば 2 ～ 3 年は受験生が増えるかもしれませんが，長続きしないと思います。

　ですから，まず教員の皆さん，あるいは教職員の皆さんが，自分は教育者としてこの大学でこういうことをしたいということをもう一回，それこそ原点に返って，自分のやりたいことをやる，それで駄目ならしょうがないではないかぐらいの腹のくくりをしないと，どうしようもないかと思います。

　もう一つは，そういうときの成果を 2 年，3 年という短い期間で評価してはいけないということだと思います。確かに受験生がじわじわと減っているというのはご心配かもしれませんが，10 年とか，もう少し長い目で見ることが大事だと思います。さらに，絶対数が減っているといっても，では，ほかの大学，ほかの女子大と比べてどうかとか，2 ～ 3 年はこうだけれども 10 年たったらこうだとか，長い目で相対的に見るというように尺度を少し変えるだけでも随分違うような気がします。

　それから，顧客満足度ではないですが，卒業生の感想など，できるだけ生の声をきちんと聞くことが大事ではないかと思います。

　金城　西川先生のご報告で「教員と生徒は相似性を成す」という

お言葉をいただきました。志を，生徒だけではなく教員も一緒に高く持ちましょうということだと思います。貴学では，どのように学内を改革されたのでしょうか。

　西川　私は，改革という言葉が好きではないのです。というのは，10年ほど前に短期大学を閉学して校舎を建て替えるとなって，さあ，うちの学校はこれからどうしますか，10年後，20年後，どういうふうに生き残りますかというような話になったときに，改革を掲げて大々的に広報もしましたし，教育プログラムなどさまざまなものを一気に変えました。そして，あっという間に志願者が増えました。世の中とはこういうものなのだと思いました。時代をとらえたプログラム，目で見える学ぶ環境を整えれば，人は期待で動くものなのだ，よいことをやっているんですという中身を実直に出すことが，生き残り策ではないのだということを，私は大変強く感じたのです。

　それと同時に，なぜ改革が嫌いかというと，改革というのは，大きな鎌で根こそぎ全部刈り取ってしまうイメージがあるからです。もともとあったよいもの，アイデンティティなどは見失ってはならない。短いスパンで一気に変えようとすれば，校内の同意も得られません。やはり教員たちのマインドに落ちて，一枚岩でやることが大事。教職員が心に落ちたものをやるのでなければ，やらされ感では駄目なのだ，それは全く生徒と同じだということを非常に強く感じたわけです。

　そのうえで今の本校はどうかというと，法人はしっかりとした財政基盤をこれからも維持したいところからの発言や数字を打ち出します。教員側は現場の学びからの切実な発言や提案を打ち出しま

す。立ち位置が違うのでやはりいろいろ意見の相違はあります。でも本校が未来で社会的価値や意義のある学園として存在し続ける，という目標は同じで，そこに向けて対話しましょうという姿勢が大事なのだと思います。今はお互いに納得のいく形で，様々な変革が進んでいると思います。

　先ほど女子校という点でネガティブなことを言ってしまったのですが，私は女子校に勤めていて，女子大にしかできない強みというのも絶対にあると思っているのです。存在価値は自信を持っていい。つまり，今の流れだから共学になるとか，はやりの学部をつくれとかいうことだけではなく，やはりアイデンティティを大事にしながら，今持っているものを大事にしながら進化していく。改革ではなく進化という言葉を大事にしています。

　女子校というのは，「いじめが多いのではないですか」などという独特なイメージを持っている人もいるのですね。そんなことはないですよ，のびのびと自分が発揮できて，友達も先輩も全部がロールモデルで，進路についてもバイアスの掛からない，自分がやりたいことに思いきり手が伸ばせる世界ですよ，と言うわけです。中にいるとそれに気が付かないのですが，共学から女子校に移ってきた生徒が「共学にいたときには気が付かなかったけれども，女子校に来て初めて，どれだけ自分が男の子からの目線や自分の役割とか価値のようなものを意識していたかということに気付いた」と言ったのです。女子校であることを強みに変えていく打ち出しは，非常に大切だと思います。

　一方，女子が自立して働いていくことは男性と違う大変さも苦労もある，と私は生徒に伝えます。それは社会の現実と，私の実感のなかでそういう話をする。けれども，女性として働き自立していく

のは素敵なことだ，自己実現と社会貢献の2つを味わえることこそ，自分の存在意義を感じ，幸せを感じて生きていけるのだということも伝えられるのが女子校であると強く思います。

　金城　時間が押してまいりましたので，最後にお一人ずつ一言頂けますでしょうか。これから先生方のご意見・ご提言を受けて，われわれはどのように進んでいくか，「改革」という言葉は使わずに，「進歩」していくのかということを学内で考えて参ります。そのヒントになるようなお言葉をお一人ずつご提言として頂戴できればと思います。

　日下部　今，いろいろなディスカッションをお聞きして，この伝統とブランドのある大学のアナロジーが，今，私は次世代ファミリー経営者の経営課題とそのコミュニティづくりに取り組んでいるのですが，そこで出てくるテーマが，いかにDNAを守りつつ革新していくかという，その両方の組み合わせのケーススタディーで経営者を呼んできています。一回，ボッテガ・ヴェネタというイタリアのブランドの社長にお話をしていただいたことがあります。最初は小さい革工場だったところがものすごいブランドになって，でも，ずっと伝統だけをやっていたのでいったん落ち目になって，新しいデザイナーを入れてまた上がってきたというお話でした。

　学習院女子大学のような伝統もあって価値あるDNAがある大学は，DNAがどこにあるのかということと同時に，でも革新・進化もしていかなくてはいけない。時代は変わっているので，足していく要素や，少し改変していくエボリューションも必要なので，それをあらためていろいろな関係者で話し合ってみて，ブレーンストー

ミングされるといいのではないかと思いました。

　金城　藤野先生，お願いします。

　藤野　今，西川先生がおっしゃったように，女子大の良さというのは，私も友人からよく聞きます。女子大だと何も遠慮せずにやりたいことができたと。女子中学，女子高，全部そうですね。そういういいところがもっと拡大して，この世界全体が女子中・高・大になるように，ある守られた枠組みを出たあとも同じぐらい遠慮せずに好きに生きていけるようにするために，ここが手を貸してくれるところであってほしいと思います。

　金城　近藤先生，いかがでしょうか。

　近藤　大学教育というのは，学生に対して教室や器具，あるいはソフトウエア，大学の教員といったさまざまな資源を投入して，社会にとってみれば投資です。ただ，大学教育の投資，社会が学生に投資した結果は，1年，2年では出てきません。少なくとも10年，ひょっとしたら30年，40年たって初めて，しかも経済的価値に還元できないかもしれない，計算できたとしても曖昧な形でしか出てこないような果実しか社会にはもたらさない，そういう性格のものだと思います。

　だからといって，大学教育が，すぐ成果が出るような投資しかしないということであれば，僕は恐らく大学教育の意味はないのではないかと思います。目先の利益や目先の何とかではなく，40年，50年，社会が手間暇かけてお金を使って投資した成果が，40年，

50 年というスパンの中で社会として果実が受け取れるという発想
をしていただいて，その上で，各教職員の方が自分の好きなことを
する，心にもないことをしないということを心掛けられたらいいの
ではないかと思います。

金城　西川先生，お願いします。

西川　あらためて，本当に学習院女子大さんは大変魅力的な大学
であると思います。教育の中身，それから，生徒から見ると何より
も安心感と信頼のブランド，そして就職率の高さなどを既にお持ち
です。そこからさらに変革されようとする波を感じていて，その場
に立ち合えたことに大変感謝しております。
　この規模の大学だからこそ，理念の共有や施策の刷新がスピー
ディーに行えると思います。短期的な目標を掲げるのはよくないと
思いつつ，今，この教育全体の流れの速さをみていると，1 年の遅
れが 5 年や 10 年の遅れになるということも非常に強く感じている
ところです。ですので，ぜひ学内一丸となって目標を立て，実現に
向かわれることを，同じ女子教育に携わる者としまして，未来に活
躍する女性をどのように輩出していくかというところを共に探りな
がら，これからに期待しております。

金城　最後に平田先生。

平田　お話を伺っていて，やはり伝統校の素晴らしさと大変さ，
両方あると思いました。本学はゼロからつくれたものですから，公
立という有利さもあって，例えば全ての授業が 2 時間になっていま

す。60 分単位なので，1 時間ずつの語学などもあるのですが，1 時間やって 10 分休んで 1 時間です。教員たちには，前半の 1 時間が講義，後半の 1 時間は完全に教員の裁量で，30 分で終わらせてもいい，完全にディスカッションにしてもいいと言っています。そういった教員の裁量の幅を広げたり，授業の工夫をする仕組みのようなものもこれから必要ではないかと思っております。

　それから，本学は完全クオーター制になっています。ですから，7 月上旬で授業は終わって，7・8・9 は完全に休みで，そこで長期のインターンに出たりします。これの有利さは，内野先生などもそうですが，東京の有名な先生方が大学が休みになるときに集中講義に来ていただけることです。海外留学も 3 カ月単位でできます。

　それから，1 年次全寮制になっています。初年次教育はどの大学も力を入れていらっしゃると思うのですが，ICU も寮を大きくしまして，日本で初めて LGBTQ 対応の大きな寮をつくりました。男女混合，フロアを別にしていて，うちも男子が 1 階で上に上がってはいけないことになっているのですが，この間も雑談で「きちんとご飯を食べている？」と女子の学生に聞いたら，「男子が意外と作ってくれます」と言っていて，8 対 2 ぐらいが本当にいいなと思いました。ビジネスの世界は男女同じだとはいえ，やはりスタートラインが違うという日本の問題があるので，8 対 2 ぐらいにしておくとちょうどいいのではないかというのがあります。

　私が何より学長になってうれしかったのは，去年の夏休み，第 1 クオーターが終わったあたりで，キャリア教育の方針を立てなくてはいけないので，最初の進路調査をしたのです。そのときに，84 名の学生のうち 16 名が大学院に行きたいと答えたのです。この 16 名は，入学時点では大学院進学を全く考えていませんでした。たっ

た1学期授業を受けただけで，これは4年では足りないと感じてくれたのです。

　その中のある学生と話したら，「授業も楽しいし，やりたいことが多すぎるので，4年間は好き放題やることに決めました。勉強は大学院でします」と言っていました。これは，大学の教員としては最も誇らしいことです。これから本当に人生が長くなっていきますし，学びの機会もどんどん増えていきます。その学生はたまたま，高校を出て1年働いて，うちの大学の開学を待ってきてくれたのですね。入学の学生も多様になってくると思います。

　うちは，この間，クレドを作りました。ミッション，ビジョン，バリューで構成されていまして，バリューの最初は，「社会の矛盾と向き合って大いに迷う」にしました。何か方向を決めてあげたり，どうしても今は早め早めに進路をと言うのですが，正しく迷わせることが大学の役割だと思いますので，そこに向かって，ではどうすれば正しく迷うことができるのかということをゼロベースで考える時代なのだと，今日のお話を伺っていて感じました。ありがとうございました。

　金城　先生方，本当に貴重なご意見・ご提言をありがとうございました。少し時間が過ぎましたが，これでパネルディスカッションをお開きとさせていただきます。

4　フロアーとの対話

澤田　大変有意義な，刺激的なディスカッション，ありがとう
ございました。フロアにおきましても，いろいろなご質問・ご
意見があるかと存じます。係が参りますので，質問票をお渡し
いただければと思います。その間，まずは本学の内野儀副学長
より，今のディスカッションを受けましてコメントをお願いい
たします。

内野　批評理論の研究をしていたり，学
外では批評家としての活動もしているの
で，作家的な視点というよりどうしてもま
とめてしまいがちなのですが，一言でとい
うことなら，伝統を生かして現実に対応し
ろということだと思います。そして，その

現実にどう対応するかということが，今，本学の一番の問題になっ
ています。その中で，今日出てきたのは，目先の対応すらしていな
いとするなら，それはそれで，けれども，これは私の個人的な意見
ですが，目先の対応だけでは済まないというご意見もかなりありま
した。目先の対応をしてはいけないということではなかったと思い
ます。

　全部できないという意見もあろうかと思うのですが，今，学内の
委員会などでも，データサイエンス・プログラムなどの話も出てい
ます。もちろんプログラミングは，先ほど近藤先生がおっしゃって
いたようにすぐ変わるのですが，初歩的なレベルであってもプログ

ラミングをするとはどういうことかというプロセスを知ることは悪くはないだろうとも思いますし，そのデータをどう扱うかというあたりも，本学の場合は文系のイメージが強いので，データ・リテラシーの強化をするというようなことが考えられると思っています。

今までのところは，例えば英語による日本研究であるとか，ジェンダー論のリレー講義であるとか，あるいは，いま，新しく考えられているのは，地域活性化という大きな課題について，どのように学術的な知見を活かしていけるかというようなことを，それぞれの分野の先生方にリレーで講義をしていただくための教科書を作る。学生に学んでもらうための出発点になる教科書を自前で制作するという，非常にまっとうなことをしていると思っています。ただ，それがなかなか効果として表れない可能性はあるかもしれません。

リベラルアーツというのは，個人的な話をすべき場ではないかもしれませんが，私が最初に奉職したのが岡山大学の教養部というところでした。学部ではなかったのですが，それが 1984 年です。その後ずっと，私は本学に来るまで基本的に教養教育に携わってきました。そして，教養とは何かということをずっと考えてきました。それが少し面白くなりかけたのが，先ほど少し出ていたと思うのですが，大阪大学のような，大学院レベルでの教養教育です。理系の人間は本当に狭い世界観の中にいるので何とかしなくてはいけないということで，大学院の博士課程のレベルで人文学をやるという，ほとんど前例のないプロジェクトを，東京大学の文理が同居する総合文化研究科という大学院の研究科で進めるというものでした。結果的に私個人は疲弊してしまったのですが，学生は，こういう世界があるのだといって喜びましたね。

つまり，本当に研究室の外のことを何も知らなかった人間が，例

えば東大のフランス哲学が専門の小林康夫先生に連れられてフランスにある有名な遺跡に行き，遺跡のなかに残された壁画などを見学して，そこから何が言えるかということを一緒に考えるような機会を，理系の博士課程の学生が持てるようなプログラムに5年ほど携わっていたのです。

　今日もう一つあったのは，適時性ということですね。どの段階で，どういうリベラルアーツが必要になるか。そこがもう少し精密にこれから考えられるのではないかと思いました。

　大きな文脈で言うと，リベラルアーツと言っていますが，基本的には人文学の危機といわれる状況があります。そのサバイバルのためにリベラルアーツが利用されると駄目だと思うのです。そうではなく，人文学そのものが変わって社会科学とどうまく付き合っていけるのか，自然科学とどううまく付き合っていけるのか。今日，その話はあまり出なかったと思うのですが，背景にはそのことがあったと思うのです。

　人文学というものは，知識が情報になってウィキペディア化してしまい，全てがフラットで需要がないというふうになってきているという話が出ていたと思うのですが，それが功利主義的なというところと結び付く。ただ私は，功利主義が悪いと思っているわけではなく，例えば，逆説的に聞こえるかも知れませんが，観光というのは非常に重要だと思っています。哲学者の東浩紀さんが言っているように，今，一番たぶん先端的な主体の在り方というのは観光客である。私はいろいろなところでそういうことを書いていますが，観光というものをもっと真剣に考えたい。

　観光というのは，言ってみれば無責任に他者と出会うということなので。そこで，近代西欧的な思考は，責任逃れだとすぐ怒るので

すが，責任など取れないのだから。無責任に出会うことで何か変わるかもしれないということだと思うのです。平田さんがおっしゃっている観光というのは。例えば，そういうところにつながっている。

それから，藤野さんの話で私が感銘を受けたのは，フリーランスのことをもっときちんと考えなくてはいけないというところです。それはサバイバルの問題なので。その手前の話として，そもそも税制の問題がありますね。いわゆる主婦が得をしている結果になっているのは，働くなという社会構造だということです。フリーランスはもっとひどいことになっている。そうすると，われわれ教員は，今学生に，「フリーランスでいいではないか」とは言えません。やはり，「就活をきちんとしなさい」と言わなくてはいけない。「好きなことをしたら，映画を作っていたらいいじゃないか」と，陰で言っている先生はいるかもしれませんが，オフィシャルには言えなくなっている。でも，就職することに本当にそれほど意味があることなのかと聞くのが，たぶん人文学なのですね。

女子大学については，先ほど藤野さんその他の先生もおっしゃっていましたが，私が1990年代前半に東大・教養の授業で「ジェンダーという言葉を聞いたことがありますか」と聞いたら，50人のクラスで5人しか手を挙げませんでした。

ジェンダー論の授業だったのですが，そこから30年たって，あまり変わっていないと思うのかといえば，そんなことはない，でも基礎的な教育が必要で，やはり戦う人が必要だという藤野さんの発言は，私も大いに賛同します。今，演劇界はどこもハラスメント問題で大騒ぎなのですが，平田さんの劇団は非常に早い段階でハラスメント問題についても明文化して共有しました。そうした迅速な対

応というか当たり前の組織改革に取り組むことになっています。

　話があちこち飛んで申し訳ないですが，副学長の立場としては，そういうことで，これからもっとディテールは考えていきますが，まずはいい意味での目先ですね。本来やっているべきだったのにやっていなかったことということでデータサイエンスに関して，文部科学省が認定プログラムを作っているので，そういうところとうまく合致するような形で，本来やっているべきことはやったほうがいいだろうという話は，今，起きてきています。この間の教授会で出たので，教員の皆さんはご存じだと思うのですが。

　もう一つ最後に言うと，今日は，サバイバルとか生き残りという恐ろしげな言葉が並んでいるので，草上会や学生の方々が本当に大丈夫かと心配して来られていたら，大変申し訳なかったと思っております。まずそれをおわびしたいと思いますが，特に変わらなくてもいいけれども，やはりここで改革したほうが10年後，20年後にとってはいいことになるという意味で，少しあおりの意味も含めてそういう言葉を使わせていただいたということでご理解いただければと思います。

　何となく丸く収めるだけのスピーチでしたが，以上です。

　澤田　内野先生，ありがとうございました。ここからは，フロアからの質問票に基づきまして，パネリストの皆さまとの対話を進めていきたいと思います。時間が少し押していますので，5時20分を目安にということで短い時間になりますが，金城先生，進行をよろしくお願いいたします。

　金城　分業したいと思います。私の役割は質問用紙をお読みする

ことで，それを進行していただくのが内野先生というように分けたいと思います。質問票を二とおり頂戴しまして，今，私の手元にございますのが，前半の基調講演，オープニングリマークスについての質問でございます。多くの方から頂戴しております。20通以上ございますが，時間の関係で三つほどに絞らせていただければと思います。

　では，1問目を読み上げます。「学生はますます狭い自分の関心領域にしか興味を持たなくなっています。新しいことを知る喜びや教養を身に付けることの重要性を学生時代に理解させるための良いアイデアがあれば，ご教示いただければと思います」。

　内野　どうでしょうか。今の質問は皆さんにお答えいただくのがいいかと思うのですが，平田先生からいかがでしょうか。

　平田　まず，その前提が本当かどうかですね。エビデンスがあるのかどうか。私はそう思っていないのですが，もしその前提が正しいとすれば，それはやはり大学教員の責任でしょうね。面白い授業をするということに尽きると思います。もちろんそれ以外にも，留学やインターンなどの機会もありますが，やはり大学の本分は授業なので，面白い授業をして，学生が関心を持つようにすることです。好奇心が何より大事ですので，もう一つもしあるとすれば，大学入試段階で好奇心を問うような入試をするというのも一つの選択肢かと思います。

　内野　ありがとうございます。西川先生は，先ほど，貴学の中でのそういう傾向に関してこういうことをするというのはおっしゃっ

ていたと思うのですが，大学レベルでも同じような対策を講じれば
よいとお考えでしょうか。

　西川　そうですね。大学時代は「動く」ことが大事ですね。
　大学生の娘を見ていて思ったのですが，この2年ぐらいコロナ
で，学校に行けずにほとんど家にいたのですね。そして今，就活中
なのですが，やはり，今気付いています。自分とは何をして何を学
んできたのか，動くべきだった，もっとチャレンジするべきだっ
た，求めるべきだった。大学側もそのような，学生がチャレンジと
アクションができるようなチャンスを提供してもよいのではないで
しょうか。

　内野　はい。近藤先生，いかがでしょうか。

　近藤　特に即効性のある処方箋は持ち合わせていないのですが，
狭い世界のことにしか関心が持てないのであれば，嫌でも広い世界
に追い出すか，深い世界に誘いだすか，どちらかしかないのではな
いかと思います。前者は，それこそどこか自分の知らないところに
無理やり連れていって生活するというようなこともあるのかもしれ
ませんし，とにかく何か仕事をさせてみるということもあるのかも
しれません。
　深いことというのは，先ほど平田先生もおっしゃいましたが，や
はり教員が面白い授業をする。自分が知らなかったことを知る喜び
を味わわせる。それしかないのではないでしょうか。以上です。

　内野　ありがとうございます。藤野先生，いかがでしょうか。

　藤野　私も，学生さんと接していて，学生さんの世界が狭いと思ったことはないです。私より広いと思うことのほうが多いので，その前提には少し疑問があります。

　もう一つ，もちろん広い世界に出ていくといいと思うのですが，狭い世界を追究するというのも大切なことだと思います。「悪い」という意味も含めての「狭い」なのかもしれませんが，その辺は分けて考えていきたいと，自分では思いました。

　内野　ありがとうございます。日下部先生。

　日下部　私は，学生さんはどうか分からないのですが，興味が狭いかどうかは個人差があると見ています。とても若い世代の方は，先ほど平田先生がおっしゃっていたように，男女のステレオタイプがだんだんなくなっていて，男の子もスイーツ男子がいたり，スカートをはいたり，いい意味でしがらみがない人が増えているのはいいと思います。サラリーマンの人と接していると，かなりのれんに腕押し感があって，熱量が低くてがっかりすることが多いのですが，対策として私が思い付くのは，オプションを増やすということです。

　やる気がある意欲的な学生がプログラミングをやりたかったら，どこかと組んでプログラミングが取れるようにするとか，あるいは，海外を体験してみたい人はそういうプログラムを選べるようにするとかですね。

　もう一つは，教員も一緒に，外部の産業界のその道の面白い方，例えば今日来ているような方々でもいいのですが，全然違う分野の方を連れてきてお話を聞くような授業とか，そういう外部の人も取

り込んだような授業をすると，刺激にもなって面白いのではないか
と思いました。

　　内野　ありがとうございます。まだいくつか質問があるでしょう
から，特にコメントなしで，金城先生，お願いします。

　　金城　はい。次の質問を読み上げます。「ICU ではリベラルアー
ツを教える教員はその分野に精通した方ということでした。そのよう
に考えると，若手教員などはハードルが上がってしまいます。ど
のように考えればよいでしょうか」。

　　平田　だから，ハードルが高いのです。リベラルアーツ，一般教
養科目のほうが，専門の科目よりも，教員が具えておくべき教養度
は高いと認識していただくことが大事です。難しいことを楽しく教
えるのはとても難しいことだという認識から出発しないといけない
と思います。

　　内野　ありがとうございます。今の平田先生の意見以外に，何か
おっしゃりたいことがおありの先生はいらっしゃいますか。よろし
いですか。では，次の質問にいきます。

　　金城　日下部先生にピンポイントで来ています。「先生は，日本
は自分の意見を集団の中で主張することが少ないとお話しされてい
ましたが，そのとおりであり，私もまた集団の中で自分の発想や考
えを話すことが苦手だと思っている一人です。そのような話し合い
の際に，自分は他者と比べて明らかに教養が足りていない，自分の

レベルに合っていない（議論の内容や発表者の意見を聞いて）と思ってしまうのですが，その際はどのようにしたらよいでしょうか」。

日下部　いいご質問をありがとうございます。そういう場面は誰にでもいろいろあると思うのです。専門性の高い人がいて，ヒエラルキーがあったり，いろいろなそういう会議があって，皆さん心の中の葛藤を持ちながら，今発言するのかとか，大いにあると思うのですが，一つは，そういうときには別に知識を必要とするコメントをしなくてもいいのです。例えば，誰かほかの人が専門性が高くて，「こういうことはどうなのですか」と質問するのでもいいと思います。

あと，インドや中南米の仕事をすると，彼らは何も知らなくてもどんどん主張します。そういう場面を思い出すと，積極性が10倍ぐらい違っていて，そうすると，人生の経験値も全然変わってきてしまうと思うのです。年を経るほど恥ずかしいことが言いにくくなるので，別に若いときの恥は気にしないで，どんどん主張なりコメントや質問をされたらいいと思います。

内野　ありがとうございます。もう一つ，よく学長が例に出すのですが，今日はあまり語学の話が出てこなかったのですが，本学とカナダの大学との合同授業で，英語で全部やる授業になると，本学の学生は妙に積極的に発言する現象があります。私個人にもそういう記憶があります。高校のときに初めて留学したのですが，英語で話していると人格が変わるのですね。そういうことがあるので，例えばそういうことを試してみる。それから，今おっしゃったよう

に，どうせ大したことは考えていないよと相手を甘く見るのもいいと思います。

　私もアメリカの大学院に入学したときに，最初は「すごいな。みんななぜこんなに知っているのだろう」と思って，今でもあまり痩せていないですけれども，10キロぐらい痩せてしまったのです。でも，意外と大したことは考えていないということに半年かかって気付きました。先に今言っておきますけれども，そんなものです。

　金城　では，次のご質問に参ります。西川先生に，「山脇学園さんは，多様な進路の選択肢がある学校だと感じました。日本全体では，女性の理系学科への進学率は低いです。どこに原因があると思われますか」というご質問です。

　西川　女子は文系，男子は理系みたいな社会の先入観が根強くありますね。本校もちょっと前は3割理系というのがほぼ決まった割合でした。今は3.5割くらいで，もっと増やしたいです。理系も男性と女性の脳のしくみには，文系も理系も差がないというデータがあります。女子にもなるべく早い時期に，理系の世界を魅力的に見せること，楽しい！　と感じさせることが大事なのではないかと思います。

　中学受験のときに「算数が苦手」という女子は多いのです。まずそういう意識を中1で取り払ってもらうために，本校ではサイエンスアイランドというエリアで探究学習をやって，理科を好きになってもらうんです。さらに，中3では理系のチャレンジクラスというのを設置して，実験や研究を継続的にやりたい子は選択できるようになっています。「算数が苦手だったからその先も理系に進むなん

てありえない」のような先入観を一回リセットしてもらうことが非常に大事でなのではないでしょうか。そう思うと，育てるべきは「これ，面白い」「なぜなんだろう」という感性みたいなものでしょうか。

　そういう感性をもった生徒が，何か面白いと思ってハマった自然科学の研究活動をやっていたら「気づいたら理系だった」とある日気が付いたりするのがいいのではないでしょうか。

　内野　ありがとうございます。引き続きお願いできますか。

　金城　では，藤野先生にです。「授業内で紹介した本の中で学生に好評であった本や，先生自身が女子大学生にお勧めしたい本がありましたら，教えてください」。

　藤野　私が先ほどいくつか例に挙げた本の中で，女子大学生に特に読んでもらったらいいと思うのは，リン・エンライトという人が書いて小澤身和子さんという方が翻訳された，『これからのヴァギナの話をしよう』という本です。これはタイトルそのままでヴァギナについての本です。膣やそれに付随する外性器が医学的に一体どういうものなのか，何が解明されていて何が解明されていないのか，それが社会的にどう扱われてきて，これからはどう扱われるべきなのかということです。

　ペニスに比べて，みんなヴァギナのことを知らないですよね。また，女の子が自分の性器を自分で見たこともなかったりするいっぽうで，雑誌なんかで情報を仕入れている男の子のほうがよほど詳しかったりもします。私も自分で経験してきた中で，自分の性器なの

にまるでいつかセックスする相手の男の子のものであるかのように
感じる女の子も多かっただろうという実感があります。それは本当
によくないと思います。ヴァギナは自分の体の一部だということを
ぜひ知ってもらいたいと思うので，私はこの本を熱烈にいつも推薦
しています。

　内野　ありがとうございます。

　金城　では，次に参ります。これは恐らくパネリストの先生方全
員についての質問かと思います。少し長いのですが，お読みしま
す。「大学説明会等においても，リベラルアーツ教育の良さを時間
をかけて説明すると，父兄の多くの方からの賛意を頂けます。その
ような観点では，人生の長いスパンを経た方にとって，リベラル
アーツへの共感は得られるものではないかと思います。一方で，若
い学生の皆さんにとっては，リベラルアーツの良さと出会うべきタ
イミングが異なることもあり，その意義を説明することの難しさが
あると思います。まだ出会うべきタイミングのない学生へのリベラ
ルアーツの良さの伝達方法についても，何かヒントを頂ければと思
います」。

　内野　どうしましょうか。今，目が合ったので，日下部先生から
お願いできますか。

　日下部　価値を理解できるかというタイミングについては，私自
身の体験を思い出しても，純文学とか，歴史小説は子どものころに
好きだったのですが，人生経験がないと，大学1年のまだわくわく

楽しいときに読んでも本当の深いところが理解できていなかったのではないかと思うところも確かにございます。いろいろなビジネスの課目も，後にならないと分からないということも多々あったので，ライフロング教育だと思うのですが，同時に，若い人でも入り口が入りやすいような工夫をすることが大切だと思います。

　一つの例としては，今度JAXAの宇宙センター長になられた北川先生という女性がいらっしゃいます。元ハーバードの先生で，数学と日本史というテーマの授業が向こうで人気になって，ハーバード白熱日本史教室で本も出されているのですが，意外な取り合わせで，導入をうまく，親しみを持ちやすい形にしないと，人間の苦悩などという深いテーマが若いときは分からないものも確かにあるのですね。

　そこを，例えばいろいろなクリエーターの方を呼ぶとか，作家の方を呼ぶなどして，アプローチャブルにするしかないのではないでしょうか。

内野　藤野先生，いかがでしょう。

藤野　単純に，いろいろなものがあって，いろいろな学問があって，いろいろな分野があるということを知るというのは，絶対に楽しいことでしかないと思うのです。むしろ，どうしてリベラルアーツ教育が役に立つのかという問いが成り立つのかのほうが微妙に不思議だとすら思います。ですから，内容が深く理解できるかどうかはまた別の問題ですね。こういうものがあって，こういう世界があって，これにはこういう名前が付いているということをいったん知るということは，どの年齢においても有益だと思うので，それ自

体を楽しまないことってあるのだろうかと思います。

　内野　ありがとうございます。近藤先生，お願いします。

　近藤　文学や歴史などをきちんと心で受け止めさせるということ
が大事だと思います。ただ，心で受け止められるところまでいかな
くても，若いころにドストエフスキーを読んでいたというと，40
歳，50歳になってまた違った読み方ができるというのはよくある
話なので，あまり神経質になる必要はないと思います。
　ただし，導き手が優れていれば，感性の強い人たちは直感的に非
常に深く理解することも多いと思います。だからこそ，先ほど平田
先生もおっしゃっていましたが，導き手の問題ですよね。結局，本
当にやろうと思ったら，教師も難しいことを分かりやすく教える技
量，度量，経験のある人が必要でしょう。

　内野　ありがとうございます。西川先生，お願いいたします。

　西川　リベラルアーツへの視点で思うことを二つお伝えします。
一つは，教員側の役割意識，視座の高さです。学ぶ意味，学問の意
味，意議，他と関連付けできる可能性や面白さをいかに伝えられる
かという教員の志です。そういう教員から受けた学びが生徒のなか
でつながり合うことが，結果的に学びや学問を人々の幸せのための
ツールとして使える，社会実装につながるのだと思います。
　もう一つは，先ほどから話題になっているPBLとか，いわゆる
アクティブラーニングとか，双方向型や学び合いの授業の大切さで
す。「知のない議論は空虚」だということを知らずに，前提の知識

のないところでディスカッションしましょう，といっても深まっていかない。また「対話やコミュニケーション」のスキルも無く議論をしても，協働して何かを創り出すことに至らない。そういうツールが必要なんだ，広い視野で学ぶ経験が大事なんだとかいうことを感じられる感性が大事なんだろうと思います。

　内野　平田先生，お願いします。

　平田　先ほど西川先生がおっしゃっていた点と点をつなぐというのは，本当に大事なことです。僕は，この20年ぐらい，ものすごい量の高校での授業をしてきました。今も，小さな大学なので，トップセールスで僕が高校に授業に行くのが一番の仕事なのですが，やはり高校生でも，点と点がつながったときの喜びというのはすごいのですね。

　例えば，私は兵庫県の県立大学の学長ですが，なぜ兵庫県はこんなに広いのだろう。私がいる豊岡は，もともと豊岡県だったのが，廃藩置県から5年後ぐらいに兵庫県になるのですが，多くの学生たちは，みんな貧乏だからつながったと思っているのですが，実は，神戸港を造るために養蚕と生野の銀山を持っていた但馬を合併したのですね。ばらばらには全部知っているのです。例えば，原発の話をする。なぜ福島県はあんなに広いのだろう。新選組はみんな知っているのです。戊辰戦争も知っている。でも，なぜ会津藩があんなに恨まれて，滅ぼされて，福島があんなに広くなって，福島の県庁所在地があんな端にあるのか。これが全部つながったときに，高校生は目を輝かせます。

　実はそれは，先ほど内野さんがおっしゃった人文学の強みなので

す。要するに，私たち人文学，芸術の世界は，非常に一回性の強み
があるわけです。自然科学は再現性の強みですが，一回性には一回
性の強い共感性というのがあって，例えば授業がバレンタインデー
の前後であれば，なぜベルギーでチョコレートがあんなにたくさん
作られたのだろうというところから，ベルギーの植民地支配の歴史
の授業に入っていく。そのときに，高校生たちは，知というのはこ
ういうふうに役立つのだ，全てのことには原因があるのだ，世界は
全部つながっているのだという共感が得られます。この共感を生み
出すのが芸術の一番の役割なので，そういうところがまさにリベラ
ルアーツの気付きの出発点になるのではないかと思います。

　内野　ありがとうございます。金城先生，そろそろ時間でしょう
か。

　金城　そうですね。このほかにもたくさんご質問を頂戴している
のですが，残念ながら時間が迫ってまいりましたので，こちらでフ
ロアとの対話をお開きにさせていただきます。ありがとうございま
した。

　澤田　では，パネリストの皆さまは，この後，閉会のあいさつに
移りますので，気を付けて下壇いただければと思います。フロアの
お席にお着きくださいませ。

　パネリストの皆さま，フロアの皆さま，貴重なご意見を誠にあり
がとうございました。おかげさまで，本シンポジウムが大変有意義
なものになりました。

　最後に，学校法人学習院を代表し，平野浩専務理事より閉会のご
あいさつです。よろしくお願いいたします。

5　閉会挨拶

専務理事　平野　浩

　学習院の専務理事をしております平野でございます。私は高等教育部門を担当しておりますが，その観点から本日のシンポジウムを大変興味深く拝聴いたしました。

　最初に５人のパネリストの先生方が多様な観点からお話しされましたが，そこには大変はっきりした共通点があったと思います。それは，リベラルアーツ教育というものが，それを受ける側にとって「このような人になりたい」という将来像の幅を広げてくれるものであるということです。しかも，単純に「このような人になりたい」だけではなくて，そのなり方も含めて多様な選択肢を示してくれるということです。なり方といっても，狭いノウハウ的な方法論ではなく，より本質的に「こうした生き方で，このような人になる」というような人生の幅を大きく広げてくれるものであるということです。そうした土台があってはじめて，様々な専門的知識や技能が生きてくるのではないかという気がいたしました。

　もう一つは，授業でどのような情報が伝っているのか，また伝えるべきかについてです。私が大学の専任教員として最初に奉職したのは，ある県立の大学でした。昔のことですので，まだ一般教養教室というものがあり，私はいわゆる一般教養科目の教員として採用され，文学部や外国語学部の学生たちに５年間ひたすら「政治学」を教えました。その中で，そうした学部の学生たちが，その専門にかかわらず，どのようなことに興味や関心を持ち，また学びたいと感じているのかを私も学びました。

　現在は学習院大学法学部の教員でもありますが，これに関連して最近新たに気付いたことがあります。今年の新3年生は，大学に入学する直前にコロナ禍が始まっていて，ほぼ2年間，主に遠隔で勉強してきました。女子大学のほうは，教職員の大変なご努力もあり，対面化への進みも早かったのですが，目白の大学では学生数が多いこともあり，徐々に徐々にという感じで，対面を広げていっている状況です。従って，今年の新3年生，特に大教室での講義が多い法学部や経済学部の学生は，2年間，ほぼ遠隔で授業を受けてきたといっても過言ではありませんでした。

　この4月にゼミが始まって，初めから2～3週はいろいろな話をするのですが，今年の3年生は，政治学の基礎的な知識に関しては例年の3年生と比べても全く遜色ない，それどころか，オンデマンド授業などで密度の濃い勉強をしているためか，むしろ例年の3年生より知識量が多いのではないかと感心することも結構ありました。

　ただ，その後で，「よく知っていますね。何先生の何という授業で聞いたのですか？」とたずねると，全く覚えていないというのです。コロナ以前の学生は同じように聞くと，「誰々先生の何々という授業で習いました」と，時にはその先生の物真似も交えて教えてくれたのですが，遠隔授業を受けるというのは，もしかすると本を読んでいるのに近いのかも知れません。私たちも，ある事柄を本で読んだ覚えはあるけれど，それがどの本であったのか，すっかり忘れてしまっていることがありますが，それと同じような感じではないかと思います。

　これまでは学生が授業を受ける際には，授業内容そのものだけではなく，どのような教室で，どのような教員が，どのような話しぶ

りで，といったその場その場の周辺的な情報も一緒に記憶していたのではないかと思います。しかし，今年の3年生はそういう周辺的情報が乏しい中で，同じ知識を身に付けなければなりません。こうして身に付けた知識が10年後，20年後にどのような形で記憶されているか，今の時点では分かりませんが，もしかするとそうした点についてもケアしながら授業を行う必要があるのかも知れません。いずれにしましても，そうした様々なことを考えるきっかけとしても，本日のシンポジウムは大変有意義なものであったと感じております。

　本日ご参加いただいたすべての皆さまにとりましても，このシンポジウムがそれぞれのご関心や問題意識に応え，また課題に対する解決のヒントとなるものであったと信じております。ご参加への御礼を申し上げて，私からの閉会のごあいさつとさせていただきます。どうもありがとうございました。

　それでは，これで，シンポジウム「ポストコロナのリベラルアーツ教育と本学のサバイバル」を閉会といたします。皆さまのご参加に心より感謝申し上げます。ぜひアンケートをご記入いただきまして，係の者，あるいは受付にお渡しください。誠にありがとうございました。

II　学内座談会

本プロジェクトの取り組み

日時：2022 年 7 月 29 日
場所：学習院女子大学
7 号館第 1 会議室

◆　はじめに　◆

**──シンポジウム「ポストコロナのリベラルアーツと
本学のサバイバル」についての教員からの応答**

内野　本日はお集まりいただきましてありがとうございます。この座談会ではシンポジウムでの議論を受けまして，学内の先生方から忌憚のないご意見をいただくという趣旨になります。

　まずは，先般行われましたシンポジウムについて，感想的なこと
をお一人ずつお話し願えればと思っています。その後はそこで出て
きた問題について深めていく予定ですが，基本的にはリベラルアー
ツとは何かとかそういう神学論争的な話にならないといいな，と考
えています。

　シンポジウムでは，主として外部の方々からのご意見をお伺いし
たので，そのことを受けてみなさんのお考えをうかがっておきた
い。ご存じの通り，本学で今，中期・長期的な課題が山積してい
て，入試制度改革も検討されていますが，それ以前にカリキュラム
を変えるということで，「学女の魅力向上委員会」が三つの改革案
を出しました。そういう改革は進みそうなんですが，おそらくそれ
だけでは追い付かない状況なのではないか。本学だけではなくて，
女子大学あるいは日本の大学制度そのものが大変厳しい状況にある
と思われるわけです。

　それで，中長期的というのは，長期的には，例えば全学を再編し
てしまえばいいのだといった，過激な話は出てくるかもしれません
が，明日からそうなるとか来年からそうなるということは想定でき
ませんので，やはり中期的に今やるべきこと，具体的に何をやるべ
きか。特に授業あるいは指導方法ということについて，リベラル
アーツという観点から何か具体的な提案をするような座談会になれ
ばいいなと思っています。

武井　私は，シンポの前半を仕事で参加できなかったので，途中
から参加したのですが，素晴らしいお話を聞けて私は非常に良かっ
たと思っています。

　やはり一番心に刺さったのは，藤野可織さんのお話しですね。彼

女があえてジェンダー・イシューを取り上げたのが良かったです。個人としては，私はここ数年ゼミのテーマをジェンダーに切り替えています。それまでは，例えば民族やエスニシティーを扱っていました。人種差別などの政治的なテーマも取り上げていたのですが，学生の興味とちょっと乖離してきているなと感じていました。やはり今の学生は，自分に関わることに最も関心が向いていて，それは，明らかに私はジェンダーであると，ここ何年かで確信しました。

　というのは，ジェンダー・スタディーズの授業に多くの学生が来るというのもありますけれども，ゼミでジェンダーについて議論するときは，ものすごく皆さん真剣で，すごくきちんと発言します。学生がそこまで熱心に取り組むテーマは，これまでなかったと思います。やはりそれは自分たちに関わることであるから，関心があるのでしょう。

　個人のレベルではあるけれど，何か社会の中で違和感がある。理由はよく分からないけれども，女性であるというだけで，納得いかないことが眼の前で起きる。そういうことに対して，世界を理解する枠組みをきちんと示す。どうやって生きていくのか。どうやって解釈すればいいのか。そういうことを教え学ぶ場所を，彼女たちはたぶん一番必要としていると感じます。女子大ですので，やはりその部分をきちんと正面から捉えて回答を与えないのであれば，率直に言うと，女子大の意義はないと思います。そういう意味で藤野さんのお話にはすごく共感するものがありました。

　もちろん国際とか，非常に重要なテーマはたくさんあるのですが，やはり入り口はもっと身近なところにあるのだと思います。学生にとってそれはジェンダー問題だと思っていまして，本学にジェ

ンダーの専門家がいないというのは考えにくい状況で，女子大として手遅れなのではないかとさえ思います。取りあえず議論の口火を切る形でお話しさせていただきました。

　内野　ありがとうございます。では，クレイ先生。

　クレイ　私は直接，参加させていただきました。すごく感心しました。

　二つの言葉が強く印象に残ったのですが，一つは，今，武井先生がお話しされたようなジェンダーの問題ですね。日下部先生だったと思うのですが，ビジネスの視点から見ても日本の大きな問題は，女性が周りに合わせる傾向がすごくあるとおっしゃっていました。なかなか意見を出さないで，大いに貢献できるはずなのに，周りに合わせる傾向があるというような話をされたと思うのですが，自信を付けるため，価値観をしっかりと確認するため，リベラルアーツが必要だとおっしゃっていて，本当にそうだなと思いました。

　私も藤野さんのお話にすごく感心したのですが，一つ，メモを取ったぐらい，女の魅力は男性が決めているとおっしゃったことですね。男性でありながら，本当にそうだろうなと思ったりしていたのです。

　私は，この大学に赴任してまだそれほど時間はたっていないのですが，大学の将来を皆さんはずっと考えていらっしゃると思うのですが，女子大としてというのはあまりなかったような印象を受けています。女子大であることを出発点にしては，あまり考えていないのではないかなというような印象を受けていた。

　二つと言いましたが，一つの言葉はジェンダーであって，もう一

つは，何回も，特に後半のほうによく出てきた言葉なのですが，伝統という言葉です。最後のパネルディスカッションだったかと思うのですが，何回も伝統という言葉が出てきたので，日下部さんも伝統を大事にすべきだとおっしゃっていたし，平田先生も大学のDNA を大事にしなければいけないというご発言があったと思います。あとは西川先生も改革ありき，というのはあまりいいことではないとおっしゃっていたのが，すごく私は，前の大学でいろんな経験をしてきたのですが，なるほどなと思ったりしました。

内野　ありがとうございます。では佐久間先生。

佐久間　私もライブで参加したのは質疑応答以降で，それ以前のところは録音で聞かせていただいたのですが，少し時間がたってしまったので，パネリストおひとりずつ，実際に使われた言葉とは異なるかもしれませんが，印象に残ったことを申し上げます。

藤野先生ですが，ジェンダー教育は女性だけでは駄目で男性に分からせなければとおっしゃっていたのは，そのとおりだとは思いました。今ちょうど，学生部長としてトランスジェンダーについて検討しているのですが，その理解はかなり差があると思いました。

平田先生のお話しは全般的に大変面白かったのですが，ご自身の大学の話をされたときに，少人数だけれども，プロフェッショナルというところがとても私の心に残りました。本学でもそのことをもうちょっと真剣に考えたほうがいいかと思います。他の女子大と比べても本学は人数が少ない。聖心が 2,200 人，東京女子大，津田，実践あたりだと 3,000 から 4,000 人ぐらい。海外のセブン・シスターズあたりだと 2,000 人程度なので，モデル的には近いのではな

いかと思います。

　そう考えたときに海外の大学は，カリキュラム，あとは全寮制なのでキャンパスライフを提供しています。本学も少人数であるならばカリキュラムだけではなくてキャンパスライフを提供できるようなことをしていかないと，他の女子大もすべてリベラルアーツと言っているので，そことどんなふうに差異化するかといったときに，もう少しキャンパスライフを充実させて，学生がキャンパスで，また，カリキュラム外で学べるようなところをつくったほうがいいのではないかと思いました。

　西川先生は別の機会でお話を聞いたので，混じっているかも知れませんが，高校生が求めているのは，何ができるようになるかだ，というところは，確かにそのとおりだと思いました。

　日下部先生がおっしゃっていたのは，海外留学。やはり海外も含めて新しい経験を大学で与えるということが大切なのだなと思いました。

　近藤先生のお話は，ちょっと実際に使われた言葉とは違うかもしれませんけれども，生きる上での豊かな知識を与えられる空間だとおっしゃっていたのがとても心に残ったところです。

　羅　当日は最初から最後まで参加させていただきました。メモが若干残っていたので，一応私は，タイトルとか案内を頂いたときに，非常にリベラルアーツそのものの勉強になる機会かなと思ったのです。

　私の全体的な感想としては，自分が期待していたのは，リベラルアーツに精通した，リベラルアーツそのものの専門性を持った方がいらして，本当にオーソドックスなリベラルアーツの意味から，そ

ういったのを学ぶ機会かなと，私は勘違いをしていました。でも，またいろいろ素晴らしいご発言の中身からだいぶ教わりましたけれども，全体的に市民講座という印象を受けました。そこら辺が自分の考えとずれがあったわけなのですが，客観的にいろいろ教わる，学ぶという時間になったということなのです。

今回のシンポジウムにおいて印象深かったキーワードとして 15 点ほどメモをとったわけなのですが，例えば死んだ魚の目をしているとわれわれは見られていないのか，口を開けて待っていればよいということではないとか，与えられているのにだいぶ慣れている。そういった受け身的な態度と姿勢を指摘する発言が非常に印象深かったわけなのです。

教養と実用が結構うたわれているのですが，教養と合理主義の関係性，それからこういった実際の学生への教育と自分自身の研究者としての研究との相関性，そういうところから自分の研究への愛をいかに感受性豊かな学生に，しっかり，告白できるか，コンフェッションできるかというところ。

それから西川先生のお話も面白かったです。国際化，伝統と未来，コラボ，そういうところから非常に面白く，いろいろトライされていることが分りました。私は，話自体はインパクトがあって面白かったわけですが，やはり中等教育と高等教育はだいぶ違うところなので，そういった話にあまり圧倒されないでおこうとは思っています。まず考えの枠組みがちがうので，あくまでも参考程度でよろしいかと思います。それから学生と教員のマーケティング意識をいかに向上させるのか。

平田先生です。観光という分野は究極のリベラルアーツである。非常に印象深かったわけなのです。そういう意味ではよほどの特徴

を付けないと，よほどの特徴が必要であるというところなのです。そういった問題意識から芸術文化観光専門職大学をつくられたというのはとても印象深いということで，本学にも活かせる，そういった思想というか，思考かなと思いました。それから平和的な解決では済まない。基本，若干闘いが必要であるというところ。

　また，私が常に考えている問題なのですが，いかに多様性を求めていくかということです。ただ単に美しい言葉としての多様性ではなく，例えばこういった座談会においても国籍が全てを物語るわけではないのですが，クレイ先生とか自分も含めて外国の経験を有する皆さんと交わった，もちろんそういうのもですけれども，それは，ただ単に教室の中とか教育だけではなく，あらゆる会議体とかそういったところで多様性をいかに認識して，また認識するだけでなく，実践をしていくかというところが非常に大事なのです。どなたかがおそらく多様性への認識の低さ，そういうのを指摘されたので，なるほどと思いました。

　それから今は危機的状態なのですが，どなたかが現状を意識し過ぎない，今の状況を意識し過ぎるのも問題であるということです。危機だから，サバイバルだから何かやらなくてはという危機意識を持つのもいいのですが，場合によっては，それを乗り越えるような感覚とか姿勢ということでは，場当たり的なというのではなく，現状の状況を意識し過ぎないということも，逆説的なのですが，必要であると思いました。

　それからワンウエイではなくてツーウエイというところをいかに実践していくのか。また，どなたかがおっしゃったのですが，改革，これは現状を意識し過ぎると改革に走っていこうということになってしまうのです。改革ではなく，いかに進化していくかという

ところが印象深いことで，そういう意味では，長いスパンで物事を見ていく。もちろん長いスパンを言い訳にして今やることを怠けてはいけないと思うのですが，ある程度「急がば回れ」という感じで，いかに余裕を持つかというのも大事かなと思うのです。

本学の場合は相当小規模だから，小さいから，そういう表現をあらゆるところで使うわけなのですが，それに関する個人的なエピソードがたくさんあります。前提としては正しいかもしれませんね。他の総合大学，何万人の総合大学と比べたら本当に小規模であるということなのです。

小規模であるから可能なことは何かということなのです。小規模であるからできないというネガティブな思考や方法ではなく，小規模だからできるところをいかに考えていくかということなのです。できないこともありますよ。でも，場合によってはメリットとしてスピード感が出せるかもしれません。教員間のコンセンサスが得やすいということもあるので，メリット・デメリットはあると思うのですが，そこは小規模であるからできるところをいかに活かしていくかというのが大事かなと思うのです。

私は，今回のシンポジウムを聞いて，全体的な提案として，もしこれからも継続するという場合，2点述べさせていただきたいです。

1点目は，やはりこれは幅広く柔軟性のある感じで，幅広く聴いていただくのもいいのですが，市民講座と若干違うのです。ということで，アカデミックな世界なので，オーソドックスなリベラルアーツというものをぜひ1回ぐらいは，誰か専門家を呼んで特別講演でもいいし，こういったシンポにおいてもそういうのが必要かなと思います。

なぜかというと，リベラルアーツというのは，今日はリベラル

アーツそのものの議論ではないのですが，非常に多岐にわたっているんな人々の都合上で解釈されたりするわけなのです。そういう意味でわれわれも，謙虚な姿勢で，リベラルアーツの歴史や概念といったことで，1回ぐらいはじっくりと考える，そういう時間が欲しいなと思いました。

　それから，5名の皆さんのいろんな背景は大変面白かったわけなのですが，場合によってはもう少し絞った感じの議論ができるように，こういった国際を看板に掲げている早稲田の国際教養学部とか，目白の国際社会科学部でもいいのですが，そういった関係者だけを集めて，同じ悩み，課題を抱えている，そういった人々との議論の場も欲しいなと思いました。

　その場合に多様性という観点から，日本国内という枠にとどまらずに，もう1点，海外はものすごく進んでいるわけなので，海外の類似したところの関係者を呼んで，意見を交わす機会がほしいです。場合によっては海外の皆さんだけを呼んで，こういった国際系の大学・学部絡みの人々は，実際にそれぞれの大学・学部でどういうことをやっていて，実際にどういった課題があるのか，そういうものを共有し合うということが非常に必要かなと思ったわけなのです。

　内野　ありがとうございます。次は，工藤先生にお願いします。

　工藤　私はシンポジウムのときにちょうど発掘調査に学生を連れていっていて，全く参加できなかったのと，時間がなく録画も全部は見られていません。それを前提にお話しさせていただきますが，これまでのみなさんの話をうかがっていても，小さい大学だからこ

そ何ができるのかが重要だとは思っています。

「リベラルアーツ」と学生に言っても，たぶん学生には全く響かないと思います。言葉自体が，学生には直感的に入ってこないからです。私も実際にこの大学に来て4年目で私の専門は考古学ですが，本学では考古学の専門の学生を育てるわけでは決してない。だから，考古学の専門的な知識が社会において役に立つのか否かみたいなことを考えてしまうと，その分野は要らないのではないかとか，学科も要らないのではないかと勘違いされがちではあるのです。いろんな授業のときに私がよく学生に言っているのは，いろんな知識た経験，いわゆる教養というものは，それを持っているからこそ見える世界が必ずあるのだということです。

例えば「縄文時代や弥生時代の知識を知ったところで何になるのですか」と言われることもあります。例えば戸山キャンパス周辺には，弥生時代の遺跡がとても多いのですが，過去の人々のどのような生活が戸山キャンパス周辺で行われていたのかを知り，そのことを感じながらキャンパス周辺を歩いたら，「見える景色がこれまでと全然違うでしょう？」と答えたりしています。

難しく考え過ぎている気がして，リベラルアーツだとかと言うのではなくて，そもそも知識を身に付けるということはどういうことなのかとか，知識を身に付けることによって何が見えるのかとか，ただ与えられるだけの知識ではなくて，例えば90分受けた授業の中で何か一つ，自分の周囲に広がる世界の要素を発見できれば私はそれで十分だと思っているのです。この大学で教えているカリキュラムの内容が，他の大学から見て劣っているとは決して思えない。ただ，十分にポテンシャルを生かし切れていないと感じています。

シンポジウムの内容からは離れてしまうかもしれませんが，もう

少し学生の目線に立って，今自分たちが学んでいることが今後の社会にどのように役立つのか，という視点だけでなく，自分の感性がいかに広がっていくのかということを，もう少し意識させるような取り組みとは必要だと思っています。

　国際的にいろんなことを知るということは，自分たちの今の文化を知ることでもあるし，歴史的な知識は，過去と現在を比較することによって，今ある自分の立ち位置を知ることになるわけです。結局は自分たちがいる世界とは何なのかを理解するために，知識を身に付けることによって，少しずつその理解を広げていく作業をしているのだということなのですが，おそらくその点を認識できていない学生が多いのではないのかと思います。ただ，今一生懸命英語を勉強しています。何か詰め込んでやっているけれども試験の後は全て忘れてしまいます，みたいなのことが多いとは思うのです。

　私の考古学関係の講義でもそういった学生もたくさんいますけれども，一方で新しい発見が講義の中で一つでもあって，「私たちが今いるのはこういったことだったのですね」というように理解が広がることが重要だと思っていて，そういったことの積み重ねの中で，より幅広い知識，言い換えれば幅広い教養を身に付けて，大学から出ていくことになると思うのですが，それをどのように大学としてアピールしていくかは難しい問題ではあると思うのです。

　やっていることの本質はそうそう変わらず，われわれの大学が何か専門家を育てる方向に今後向かうのかというと，そういう方向性は今後もないと思います。専門性を要求し過ぎても，本学の学生と教育方針には向いていないという気もしますし，その辺のバランスが難しいと感じていします。

　教員としては，個々人はある研究分野の専門家でもあるので専門

的な内容を学生に伝えるということはとても重要ですが，学生がその専門的な領域で次のステップに進むかどうかという問題とは異なるものとして，ある意味割り切ってやっていかなければいけないのかなとも思ったりします。

◆ キャンパスライフの充実は可能か ◆

　内野　ありがとうございます。いろいろなご意見があったと思うのですが，共通するということではジェンダーという話と，それから小規模という話があったと思います。

　まず小規模のほうで，すでに言われたように，「小規模ならでは」というだけでは，あまり響かないというご指摘がありました。大きな大学でもきめ細やかな指導するというのが今やトレンドです。

　佐久間先生のキャンパスライフの話もありました。私は，本学に赴任して最初に驚いたのは，5時半を過ぎると人がいないということで，前任校が大きな大学だったからだけなんですが，本学ではキャンパスの賑わいというのが，なかなかむずかしい。

　キャンパスライフをつくっていくというような話について，何か皆さんのほうからご提言なり，佐久間先生は学生部長でもあるので，この大学でどういうことができると思いますか。例えば，他の女子大学も同じような感じで，以前おつとめの和洋女子大の場合でも，キャンパスは基本シャットアウトで入構チェックという体制でしたか。

　佐久間　なかったです。正門でチェックはしますけれども，門もかなり誰でも入れて，家政学部があったので，実験をしている人が

いるだろうから，夜になっても結構，関係する研究等は電気がつい
ている，という感じで，学生も遅くまで残っていた印象はありまし
た。

内野 本学の学生のキャンパスライフはどうすればもう少し充実
するんでしょうか。

佐久間 課外活動をできるスペースがあまりないので，サークル
の場合，合同だと目白に行ってしまうのです。だから課外活動は目
白でやっている学生が多い。ここでやっているのは，チアとか
AQUA といった体育館を使っているところ，それ以外は，機織り
のサークルが少しやってる程度でしょうか。

工藤 軽音楽部がありますね。

佐久間 それでも，課外活動で残るって，もしかしたら少ないで
すね。

内野 そうすると，やはりキャンパスライフを今と違うものにす
るというのは，結構現実的には難しいということが今まで歴史的に
あるから，そうなっていないということなのですか。

佐久間 スペースも少ないですよね。学生が話せるというか，カ
フェテリアがない。売店のところだけですから，ちょっと少ないの
ではないかなという気がして。
　食堂の問題だというので，他の女子大学のホームページとかを全

部調べるとカフェテリアとなっていて，要するに食事をするだけではなくて，学生が大学にいる間は話ができるスペースですよみたいに言っているのです。それが結構少ない気がするのですが，もうちょっと，そういう学生のための，学生が自由に利用できる，話せるカフェテリアスペースがすごく少ないので，どこかにつくったほうがいいかなと思います。

　内野　ちょっと佐久間先生ばかりにお伺いしていてなんなんですが，早稲田大学のサークルに入っている学生も結構いるみたいで，結局，どのコミュニティに帰属するかは個人に委ねられて，個人が目白の学習院大学との合同のサークルに入ればあそこで何か大学生活が始まるかもしれないけれども，戸山キャンパスにアイデンティティー，この空間そのものにアイデンティティーが持ちにくいということですよね。

　佐久間　そうですね。

　クレイ　でもこの大学だけではないような気がします。一般的な傾向として，もう大学に残らないというのは普通になっているかなという気がします。クラブ活動をやっている学生も少なくなっているし，アルバイトもあるし，遠くに住んでいるような。
　前の大学を話してもしょうがないのですが，小さな大学を売りにして学生が居場所もなくなったんですね。大学が好きという学生も結構いましたけれども，それでもやはり，なかなか夜まで残らないというのはありました。
　イギリスの大学は全寮制が多いので残りやすいし，あと，全然違

うのは，お酒が飲めるところがあるので，魅力的なのです。軽食し
ながら，お酒を飲みながら残るということは，日本にはそれがなか
なかないので，どんなにきれいなスペースをつくっても残りたいと
あまり思わないのではないかなと。

　内野　キャンパスライフがあるべきだという考え方自体が，本当
にどこまで妥当性があるのかというのはよく分からないですが。あ
まり考えたことがなかったので，その話題から入りました。

　武井　いま大学の空間だとやはり厳しいのですが，だから体験と
して和祭の実行委員になったりすると，大学に来たと意識できる学
生もいます。でもカフェぐらいは造れそうではないですか。

　工藤　私がこの大学に来て思ったのは，学生に対してすごく管理
的なのです。すごく厳しい。

　内野　そうですね。

　工藤　どちらかというと，学生に自由にさせたいというよりも管
理したい側である印象を持っています。私は軽音部の顧問をやって
いて，学生が大学を盛り上げるために昼休みに中庭でライブをした
いと言って相談に行くと，色々理由をつけてだめだと言われてしま
う。基本的に守りに入っていて，「どうしたら実現できるか」とい
う方向性ではなく，ダメな理由を探してきて拒否されてしまう。自
由度が少ない感じはありますね。だからキャンパスライフをもう少
し充実させていくのだったら全体的にそういう学生に対する管理意

識をもう少し和らげていかないと，何か空間をつくるとかそういった話にもなっていかないと思うのです。

　昼休みにいろんな団体が食堂などでイベントやライブをちょっとやったりするだけで，すいぶん違ってくると思うんです。4月の雅祭でちょっと見せて，あとは10月の和祭で，みたいな感じで今は学内団体が在学生に活動を紹介できる場が極めて少ない。むしろ小さい大学で学内団体なども小さいのだから，もう少し目立たせてあげるような仕組みがあっていいのではないかと思います。

　羅　まさに工藤先生がおっしゃった管理という言葉を私も言いたかったのですが，今いろいろ改革が言われていて，カリキュラムの変更とか教育の魅力向上委員会が設けられていて，それはそれでよろしいかと思います。ただ私としては，教育ばかりではなく，本学の体質そのものを変えないとこの話は終わりがないと思うんです。

　内野先生は赴任されて，ものすごく物静かなキャンパスをご覧になってびっくりされたように私も同じでした。本学への赴任前に大きな大学にいたからでもあるのですが，例えば韓国の場合は，24時間図書館が開放されています。24時間開放，それは教員側からの求めではないです。学生のほうからより勉強したいということです。もし大学のほうで24時間開放しなかったら抗議をすると思います。学生への福利厚生という観点は，日本は，どちらかというと問題が起きないような管理体制なのですが，韓国はものすごく学生本位に立って福利厚生を考えています。

　一番やるべきことは，従来のこういったところに問題はなかったかというところを徹底的に洗って点検をして不要な規制を大胆になくすべきだと思うのです。特に学女は女子部と同じ構内にあるの

で，余計にそういった管理・規制の雰囲気になってしまうのです。それから図書館も決まった時間に閉館になる。それから学食のほうも先ほどのような話もあったりするので，やはり学生の居場所がないわけです。

　学女というアイデンティティーを持ちたいのだけれども，居場所がないというところから，早稲田のサークルに流れたり，目白に行ってしまったりするわけなので，小規模だから，そういう内部のコミュニケーションがよく取れるはずなのだけれども，それは学生の責任だけではなく，私はあらゆるところに関係する体質のようなものだと思います。そこら辺を外さない限り，逆にわれわれがそういう体質をつくってしまうのかもしれません。完全に外すことはできないかもしれませんけれども，ある程度ということですね。

　熊本学園大学の場合，学問と結び付けた感じの「東アジア共生ブックカフェ」を校内に設けたわけです。こういう，もう少し開かれたキャンパスライフができるように，規制を点検して外せるものは外していくという作業はものすごく大事だと私は思うのです。

　規制が多いために，学生たちも萎縮してしまっていて，当たり前のように受け身になってしまうのです。そういう体質が改善されないと，いかにいい教育を行っても，あまり通じないと私は思います。

　内野　ありがとうございます。今はいわゆるコロナ禍にあって，管理を強化せざるを得ない面がありました。そこから，徐々にしか戻ってきていないところがあって，まだ揺れている印象です。だからこそ，どういうふうにキャンパスをつくっていくかということ，つまり，帰属意識の獲得や維持という問題について，教員サイドが

これまでとは異なるキャンパスの体質なり管理体制なりについて，提言することは重要だ，ということになろうか，と。

◆ ジェンダー・イシュー（ズ） ◆

内野　管理の件とかかわらないわけではない問題として，武井先生が提起された問題で，学生にとって，自分の足元，自分の身近な社会というか，生きづらさとか違和感といったようなものに対して応えるというか，考えるための枠組みを与えると，学生は敏感に反応するとさきほど武井先生はおっしゃったと理解しました。今はそれがジェンダーだろうということで藤野さんがおっしゃってくださった。

　藤野さんは，わたし個人としてはとても良識的に，女が変わらなければいけないのではなくて男が変わるべきなのでは，とおっしゃっていた。少なくともシスジェンダーの男性自認の私には，この 20 年・30 年，繰り返し言われてきたことだけど，でもまだ言わなければならないのだという思いを強くしました。この間，バッシング等の揺り戻しはあったとしても，本学ではジェンダーの専門の先生を採用しようという機運はなかったんですね。

武井　そうですね。ここ 10 年ぐらい私個人は機会があれば，ジェンダー専門教員の採用を訴えてはいましたが。

内野　なるほど。管理の体質とそれを支える組織の問題がまずある。しかしそれが，実は教育の圏域にまで至っている。ジェンダーの政治がある種の伝統という名の下に本学の文化，あるいは，体質

とさっき羅先生が使った言葉で言えば，その体質を規定していると
いう話になりますか。それを変えるためには，藤野さんの言葉を借
りれば男性教員の意識を変えるという話になるわけですけれども，
それは結構難しいんですね。

　武井　今の女子大学生がどれぐらいジェンダーに関してフレキシ
ブルかということを認識されていない人が多過ぎると思うのです。
例えばトランスジェンダー学生の入学の話にしても，学生に聞くと
大体９：１ぐらいでしか反対意見は出ないです。むしろ，なぜいけ
ないのか。なぜ入れてはいけないのかというのが大半の意見で，ト
イレの問題があるかとか，更衣室の問題が出ますと言うと，逆にそ
ういう側面もあるのかと気がついたりしますけれども，彼女たちは
ものすごくフレキシブルなのです。そういう変化が実は 20 年ぐら
い前から起こっていることにわれわれ教員側が気が付けていない。
ニーズの相当な乖離の上にカリキュラムを作ったりしているところ
があり，それはちょっと良くないと思いますね。

　佐久間　この話が委員会で出たときに，例えば，学生の中でも一
部にはトランスジェンダーに対して恐怖を感じるひとがいるのでは
ないかという話が出ました。

　武井　でも，まずそこで学生がトランスジェンダーになぜ「恐
怖」を感じることになるのかという社会構造を説明するのが大学の
仕事であって，「あの人たちは怖いですよね」というところで終
わってはいけないのが大学なのではないですか。

内野　なりすましとかのこともありましょうが，それは単に犯罪ですから。

　女子大であるだけにジェンダー問題が出てくることがあって，トランスジェンダーの話は，学生自身より父母保証人と言われている方々とかそういういわゆる大人の関係者の方々の話にもなるんでしょうか。

佐久間　他の女子大にはジェンダー関係の専門家がいることがほとんどです。その人たちがトランスジェンダーのことが話題になると，一気に進めていくというのがあるのですが，この大学はそういう方がいらっしゃらないので，いつまでたっても話が進まない。

内野　検討中で終わってしまっている。そういうところまでいい意味で，プログレッシブでやるというところを見える形でどんどん進めていけるとよいですが，理解していただけない先生方もおられるとすると，それはそう簡単ではありませんね。

佐久間　多様性と言いながらトランスジェンダーに関してはマイナス要因と考える。その辺りをどうしたらいいのでしょうねという。

武井　なによりまず，大学内でジェンダー理解が進んでいないのではないですか。学生部がずっと関わってくださっているテーマであるにもかかわらず，トランスジェンダーの受け入れだけがフォーカスされること自体が，ジェンダー意識の低さを示していると思います。「誰でもトイレ」の問題に還元できるような話ではなくて，

学生がもっとニーズとして持っているのは，ジェンダーについて本当に「自分事」として，誰か説明してほしいという，そこなんです。

　　羅　そうですね。だから本学では学生部を中心にトランスジェンダーの話をしていると思うのですが，それではなかなか全学的な決断に私は至らないと思います。時間がかかると思います。ですから，武井先生がおっしゃったとおりに，ジェンダーについての全体像を学ぶ機会を作るという意味においても，ジェンダー研究者を1人ぐらいは採用するという方法論も取れるということなのです。

　ジェンダーだけではなく，小規模大学だから，できれば，これは予算ともかかわることですが，やはり抜本的な改革ということで，教員の数を増やしていく。その中でジェンダー関係の専門家も最低1〜2名は，といった発想をしない限り，なかなか実現はむずかしいんじゃないでしょうか。

　今，うちはどのくらいの教員がそうなのかは分からないですけど，先ほど体質の話と同じです。試験，講義，課題，レポート，こういうのも本当に今の時代には合わないやり方かもしれません。できるだけ少人数のクラスにして，そういった中で，標準化された成績の付け方ではなくて，少人数制による学生本位の討論型授業をすべきなのです。その場合に教員数というのは，やはり相当必要であるわけなのです。その流れの中で，ジェンダーの専門家も採用するという流れでもいいかなと思ったわけなのです。

　だから，国コミが何名とか日文が何名，1名採ったとか採らないとか，そういう発想にとどまっていたら何も変化がないわけで，3学科の区切りをはるかに超えた発想を持ってこれからはいかない

と，おそらくこういったトランスジェンダーのイシューについて
も，話が前に進まない。

◆ カリキュラムの可変性に向けて ◆

工藤　私は教務委員をやっているのですが，大学の規模が小さい
から全体の講義のコマ数も少ないこともあり，可変性という点では
自由度が少ない印象があります。新しいことを取り入れにくいよう
な状況になっているのではないかと思っています。

去年（2021 年度），武井先生が教務部長をされていたときに，特
別総合科目の 1 つは常に空きにしておいて，新しいことを常に入ら
れるようなことをやろうということをおっしゃっていたのですが，
それはすごく良いと思ったのです。やはり常に何か新しいことを取
り入れられるような余地が今は全然ない感じがするので，そういっ
たところを制度的にもう少し工夫していく必要があるのかなと思い
ます。

クレイ　いろんな意味で余裕がないと思うのです。教員の負担
が，特に英コミの場合はすごくあるので，何か新しいことをやろう
と思っても余裕が感じられない。ちょっと佐久間先生に伺いたいの
ですが，別にトランスジェンダー問題にこだわっているわけではな
いのですが，学生の意見をどんな形で聞いているのですか。

佐久間　1 年に 1 回，学生が主体でアンケートをやっています。
それは，学生部は学生が持ってきた質問をそのまま答えてあげるだ
けで，例えばコロナ前は，どうやら授業のときに配ってやっても

らっていたというのを１年に１回やっています。その集計結果で大体出てくるのは食堂なのですが，あとは授業のことも所々で出てきます。多くは食堂関係。

　それとは別に今回は学生手帳を廃止したいので，食堂というので食堂のことも入れたのですが，その最後に，継続してやらないと意味はないと言われているのですが，「学生生活に対して満足していますか」というのをぽんと入れたのです。それは経年でやっていて，大きく変化があったときに，例えばぐんと下がったら問題を追及しようとか，そういう使い方をするそうなのです。

　取りあえずやってみたら，「とても満足している」「満足」「大体満足している」，上の二つで50％，大体まで入れると8割方は「満足している」だったのです。「食堂について満足していますか」は20％だったのです。やっぱり食堂はかなり問題かなと思ったんですけど。学生手帳に関して，去年，その前にやったのと比較でやったので，同じような項目でやったのです。それは学生部主導でやりました。

　それ以外にも学生がやっていて，それを学生部でまとめて，それを学長に報告して，学長がそれに答えるという場をつくっています。

　私が担当するようになって，例えばコンビニを造ってほしいとかいろいろ出るのですが，なかなか難しい。

　クレイ　別に批判的な理由で質問したわけではなくて，学生の声がなかなか届かないような雰囲気になっているのかなとという印象を持っていました。だから，さっき工藤先生がおっしゃったのですが，学生たちを管理しているというイメージがすごく強いんですが

が，自分たちの大学なので，自分たちの意見を出して，オーナーシップをもう少し取ってもらえるような仕組みがあるといいなと思ったりしました。

私は，実は教務にも問題があると思っています。授業改善に関しても学生は意見を言えるのは言えるのですが，そのやり方もどうかなと。学生がもう少し自分たちの意見も出せるような，自分たちの大学だと意識を，もしそういうような雰囲気がつくられればもう少し学校に残ったり，キャンパスライフにつながったりするかなと。でも，そう言いながらも，どこの大学も同じような問題もあるし，アンケートは絶対に悪いということもないし，統計も絶対必要だと思うし。

例えばトランスジェンダーの話だと，学生と直接話し合ったりする機会があると，もっと学生の視点から見るといいかなと思います。やっぱり自分たちの大学だから，自分たちの意見を大事にされているというような文化にしないと，雰囲気にしないといけないかなと思います。

内野　どうもありがとうございます。それで，そうですよね。今いる学生は，数字で出てくる満足度が高いです。でも実際，学生たちが自分たちの後輩にこの大学を薦めているかどうか問題というのが出てくる可能性はあります。ですから，改革のアジェンダのひとつに，キャンパスライフの充実はどうしたってあるでしょう。

それから教育を充実させる。リベラルアーツという話からだいぶ離れてしまったようなところもあるのですが，武井先生の学生が何を必要としているのかを考えるという提案は重要だと思います。ただ，具体的に何をどう教えるのかというのはけっこう難しくて，今

の社会に対する違和感への説明を求めているというときに，何が正解か私たちも分からないわけですから。現時点では，ジェンダーがある種焦点化されている問題としてある。けれども，それを普遍化できないわけですよね。全ての先生に，同じようにジェンダーの問題をやってくれというわけにはいかない。

　武井　工藤先生がおっしゃったのは，たぶん授業科目の膠着性のことだと思うのですが，何十年も同じ人が同じテーマで科目を担当するのは単純によくないと思うのです。10年ぐらいのスパンで新しいものにつくり替えていく流れをつくっておかないと，学生のニーズも拾えませんし，授業にも魅力がなくなってしまうのではないかと思うのです。

◆ 105分授業への対応と教育の充実 ◆

　内野　私自身が執行部にいてそんなことを言うのは無責任だと怒られてしまいそうですけが，105分授業が，あまり大きな抵抗もなく決まりましたよね。今の自分が教えている学生は105分持つとは到底思えないので。前任校でも，90分から105分になったんですが，アジャストにものすごく時間がかかりました。今の学生は60分が限界だと思う。だからクオーター制にしたり，60分授業をどんどん増やしていっていたりする大学が多いと思うんですが，ただ15分伸ばすというだけで，大丈夫なんでしょうか。

　クオーター制の話はないですよね。

　武井　出なかったです。

内野　英語は 60 分授業ってあるんですか？

クレイ　ないですよ。私も先生と同意見で 105 分はかなり大変だと思います。

内野　途中で休憩してもいいのか，というひどくまっとうな疑問が出ましたが，正面切っていいとは言えない。実質的に休憩するとしても，それを制度化することはできないということになったと思います。その辺りのことも含めて，今の人数をどう効率的に生かすかということを考えればそんなに教員数を増やさなくても何とかなるのかもしれないなと直感的には思うんですが。

　つまり，もう一つ，より良い授業をすることがこの大学の基本的にはステータスを上げることにつながるという前提で話しますけど，どの授業をどれぐらいの人が取っていて，これはもう要らないのではないかみたいな議論はないですね。

武井　もちろん，受講生がゼロの科目の存在には気がつきます。

内野　それで終わりですよね。

武井　そういう意味では（教員に）優しいんです。

佐久間　要するにいろんな科目を提供するならば人数にかかわらず，たくさん提供すべきだと思うのですが，2 人でも 3 人でも受講者がいたら開けてあげるぐらいにしておかないと，どんどん少なくっていってしまいませんか。

内野　そこは議論の分かれ目で，あまり言うと，おまえは新自由主義者だと言われるかもしれませんが，効率ということは考える必要がゼロだとは言えなくなっているのではないか。

羅　私は，内野先生が参考にしておられると思われる国公立の事例はあくまで参考程度で，あまり役に立たないと思うのです。私立だからできる増員というのがあるなど，発想の転換が必要です。それを進めるうちにいろんな調整ができると思います。

　私が言いたいのは，例えば，大人数の講義型の授業はやわらぎホールに集める。私が言っている少人数というのは，やはりそういうメリハリをつけるなかで，教員も当然増やしていく必要があるという意味です。もう1点は若干似通うところがあると思うのですが，後任人事を考えるときに，前任の先生がやったものをそのまま引き継いで教えるというのは，なかなか納得がいきません。場合によっては自分のこれまでやってきた研究のアイデンティティーを結構失うことになるわけで，できるだけ新しく入られる方の持ち味を出せるようなカリキュラムにしていかないと，そこは結構悩む先生方も多いわけなのです。

　私は，実はこういう中身の授業をやりたいという教員，特に若手教員の中でも結構いると思うので，そこら辺を柔軟に受け入れてくれる体質，今日は「体質」がキーワードなのですが，そこら辺が非常に大事だと思うわけです。

　本学は科目群や科目名も決まっていて，その枠にはめる感じでやっているわけなのです。そうすると，やはりお互いに見えない不満とかが結構積もっていくわけなのです。

　もう1回繰り返しますけれども，それぞれの教員本人が教えた

い，教えられるというテーマをある程度自由に受け入れて，それをカリキュラム，科目の一つとして受け入れられる柔軟性が欲しいのです。

　工藤　学則で授業のコマは決まってしまっている部分があるから，講義名さえ合っていれば，中身は副題を工夫して教員の裁量で自由に今もやっていると思いますけれども，そこをどこまで自由度を上げていくかというところはあると思いますね。学生便覧に載っている学則として決まっているコマがあるから，それはなかなか容易には変えられない。

　羅　例えば，そのコマの中でもうまくいかなかったりする場合，このことを，今まではあまり徹底して点検をしてこなかったかもしれません。場合によっては，開学からそういう流れで来ていて，それが今の魅力にあまりつながらない。それが入試の問題にもつながっていて，やっとわれわれが何かやろうとしているのかもしれませんね。

　工藤　結局，短大から四年制大学になって，25 年近くたつのですよね？　だから，さすがに限界なのだと思うのです。

　羅　そう，そのとおりです。

　工藤　25 年前に決めたこの枠組みが現代的なニーズに合っていないということが一番の問題で，ある段階で覚悟して変えていくということが必要です。逆に今もし変えるとしたら，その 10 年 20 年

後に再び変えることをちゃんと意識してやっていかないと。

　　羅　20 年，すぐたちますからね。

　　工藤　小さい大学だからこそ，できるだけ早いテンポでニーズに合った形で変えていきつつ，他方，伝統文化系のものは本学の売りでもあるわけではないですか。伝統文化の講義はやはり学生にとってもかなり魅力的でもあって，一方でそれらを中心的に教える常勤の教員がいるわけではないなので，そういった矛盾も抱えていたりします。
　　何かそういった現状に合ったシステムに変えていくような柔軟性も必要だし，その中で何かちゃんと本学として持っていかなければいけない歴史性や，伝統もちゃんと考えて両立させていかなければいけないと思うのです。やはり小手先でいくつかの授業を新しく増やしましたというのでは，もう限界な気がします。

　　佐久間　伝統文化の授業は人気が高くて，学生の意識調査でも必ず出てくるのは伝統文化です。抽選でなかなか受講できないことがあるからです。にもかかわらず，入試の広報でも伝統文化がばっと出ますよね。あれはいいのかしらと思ったりするのです。

　　工藤　学生からは，それは結構文句を言われます。本当に毎回落ちて取れなくて，結局，4 年になっても取れなかったという不満を聞きます。

　　クレイ　学生からたしかにそういう意見があります。外から見

て，学習院女子大学はどんな大学なのか，僕らもそういうことを言われると思うので，それは本当の伝統かどうかは分からないけれども，外から見たら日本の伝統文化を教える大学だと。

　工藤　日本文化を教える大学であると思うのですが，外側に向けて広報するときは，どうしても見栄えがするから，伝統文化を前面に出しています。

◆ 具体的な改革可能性 ◆

　内野　カリキュラムを営業的な側面で，何を売りにしていくのかということは，マーケティングというのは，高校の進学担当の教師だったり，保護者というのですか，保証人であったりするものだから，その人たちの価値観というものも結構，考慮に入れることになります。先ほどから出ているように，学生自身も変わってきているのは間違いないです。そのことをふまえて，なにをどうやって変えるのでしょうか。

　武井　一つは，まず今，1年で取る英語の科目がたくさんありますよね。今はもう必要ないかもしれないですね。

　工藤　それは日文の学生にもよく言われるのです。そこまで英語をやりたいわけではないから日本文化学科を選んだのに，1～2年で英語の講義が多過ぎて，それで疲弊している学生が結構いますね。

武井　言語系は自分で取れるよう選択にして，英語の必修科目を減らせばもっと全体に余裕がでる可能性はあります。

工藤　必修から減らしたほうがいいですね。

武井　そうですよね。

佐久間　1週間に2回授業がかなりありますよね。

武井　ええ。あれでコマ数をすごく取られているというのもある。

工藤　そう。国コミとか英コミの学生だったらまだいいのかもしれないですけれども，そんなに外に国際的に羽ばたいていってみたいなことをそれほど意識しないような学生だと，むしろすごく負担みたいです。日本文化のことをやりたかったから日本文化学科に来たのに，何でこんなに英語ばかり1～2年でやらなければいけないのですかみたいなことはよく言われる。

羅　その発想自体がやはり短大からできたときのスローガンとして，今現在も英語で発信すると言っています。それは，20何年前は英語が全てみたいなことがあったでしょうが，今はもう本当に基本の中の基本で当たり前なので，スローガン自体を変える。そうすれば，教育負担においても余裕ができるはずなのです。
　そういう意味では，私のゼミには英コミから転科した学生が1人いるのですが，自分は学女に入って，英コミは最初に入るときに

もっていたイメージがあったのに，それとは異なり，英語だけに特化した授業ばかりで，自分の方向性が分らなくなってしまったというのが転科の理由でした。

クレイ　そういうことを今言おうと思っていたのですが，英コミは，逆に何で英語ばかりなのかと。こんなにいろんな先生がいらっしゃるのに，何で他の科目は取れないのかという，自分でも疑問として感じています。学生たちはそうだと思います。

羅　本学における英語教育という発想を検討して，英コミの学科そのものも含めて，検討すべき時期に来たと私は思うのです。

クレイ　平田先生がシンポジウムのときに，よほど特徴がないと駄目だとおっしゃったので，英コミの主任としてそれがすごく残りました。やはり英語を勉強するのは悪いことではないし，高いレベルまで行かせたいし，留学があってもいいのですが，他大学もどこでも同じようなことをやっていて，特徴が何なのか自分でもよく分からないという感じなのです。だから学習院女子大学の特徴・伝統は何なのかということを考え直した上で，英語教育，英コミの存在を考えていくのではないのかなと。特徴がないというのは間違いないようです。

武井　英語・留学関係でもし大きな改革をするのであれば，留学に特化したコースを分岐させる事かと思います。それは英語圏だけではなく他言語の国も対象にして，このコースに入ったら必ずどこかに留学するようにする。学科ではなく，コースを提供するという

形で，留学希望者を吸収し直したほうがいいような気がします。単に留学するというのでは，高校でできることと変わりがない。

クレイ　しかも，やり方も古いと思う，いろんな意味で。たぶん英コミの学科の中でも反対する人はあまりいない。皆さん，感じていると思います。ただ，なかなか自分たちで変えようと思っても変えられるようなことではない。

羅　それは，やはり英コミの中で悩まずにこういった公の場で問題提起をしていただいて，それは本学全体の問題として，やはり議論し合う必要があると思うのです。

クレイ　今のご発言がすごくありがたい。学長とかに相談はしていますが，なかなか進まないという状況ではある。

内野　進めるためにこのリベラルアーツのプロジェクトはあるので。

クレイ　ええ。

◆ 新たなスローガンへ ◆

内野　さきほどスローガンという言葉が出ました。今も生きているスローガン，日本の文化を勉強して英語で発信するというのでは，もう古いというのはいいですが，ではそれにかわるスローガンは何かということなのです。それが多様性という，ぼんやりしたも

のでは駄目で，何かないですかというアイデアを皆さんから頂ければなと今日は思っているわけで，それでリベラルアーツと取りあえず言ってみているというのが現状ですね。

　佐久間　4年間の大学を出て，何かエクストラといいますか，社会に出たときに，私はこれができますというのがないではないですか。英語ができますというのは，もうメリットでも何でもないみたいなところがある。「何とかができます」をやはりつくってあげないことには，語学ができますではあまり，それほど響かないような。

　工藤　何かできますというと？

　クレイ　それはリベラルアーツの問題。

　工藤　資格課程という話にもなるかなと思うのだけれど，どうしても目に見える形の公に通用するものとすると，やはり資格になってしまうので，それは難しいですよね。それとも絡むかもしれませんけれども，今のコース制というのが，結局，コースを3年生に選ばせて，そのコースを選択して勉強したところで，それが学生たちにとって何かの保証になるわけでも，これができるようになりましたということでもないのに，学生の授業の選択肢をすごく狭めています。

　内野　コース制は内発的ではなく教職課程を走らせるときの副産物だったわけです。それで，つくってしまうと，それが縛りになっ

てしまって，今の工藤先生がおっしゃるようなことになっている。

　武井　その前にもコース制の案はありましたけれども，強いインセンティブがなかったので，採用されなかった。教職課程を実際に始めるためにつくられたけれども，あまり機能していない。

　内野　今の SNS の時代は，結局，見えているコース制はこうだとか，資格はこうだというはあるんですが，極端に言えば，学生が何をつぶやくかで大学のイメージが決まるようなところがあります。やはり学生たちが自身で何かを身に付けたと思うことが大事だということです。

　就職についてみれば，今，就職先の企業数が膨大な数になっている。同じ企業に複数行かないようなケースが多い。なので就職では，ここに強いということも言いづらくなっている。

　そこで今，資格課程以外に身に付いたと言えるのは，どうしても抽象的にならざるをえない。決断力とかクリティカルシンキングとか。そんなものは数値に換算できないと言われたときにどうするかというのが今の問題です。

　羅　私は，今結構問われている実用とか単位の可視化とか，ああいったところにあまり影響されないで，今おっしゃったとおりに批判的な思考，それから物事を深く考える思考力，それからクリエイティヴな発想，そこからリベラルアーツそのものが，自由な人間として，いかに成熟した市民として，そういった力量を身に付けるかというのがやはり本質だと私は思うわけなのです。そのあたりを意識して何かできないかということが一番大事だと。即戦力として何

か機能をたくさん身に付けて外に出ていって，いい会社に入るというのはもちろん就職率向上にいいかもしれませんけれども，ではなく，もう少し深い，場合によっては複雑な人間社会を理解できる，そういった極めて抽象的で目に見えない，そこら辺に力を入れていくというのが一番大事だと思うのです。

たしかに抽象的ではありますが，具体案としていうなら，先ほど申し上げた英コミを早いうちに改革して，国コミと英コミの違いは何ですかと，毎回のオープンキャンパス相談ブースで言われないようにするのが1点目の改革です。

もう1点は，武井先生が先ほどおっしゃった，日本文化学科も含めて，場合によっては，もしできなかった場合は英コミと国コミの統合を実現させて，もしそれがむずかしいようなら，最低限，国コミにおいて，ぜひ学生全員の留学を義務付けるということです。それは新しいことではなく，他の大学は既にやっているわけなのです。

だから私は，リベラルアーツの理念を現実させるためには，今何かの技術を身に付けるのではなく，経験だと思うんです。いろんな経験をさせるというところなのです。その経験をさせる一つの案として，本学は協定大学が結構ありますので，英語圏だけではなく，あらゆるところと話し合って，場合によっては希望者だけを派遣させたり，場合によっては1年ではなくて半年，3カ月でもいいから，それを全学科において実現させたり，そういった具体的なことをやっていくというのは，他のところもやってはいるのだけれども，本学がやったら相当アピールポイントになっていくと思うわけなので，今できるという話としてはこれらの二つです。

　内野　ごく素朴なことなのですが，これから経済状態が悪くなる一方だと言われているなかで，私が本学に来て，すみません，国公立は基準にするなとおっしゃっていたのですけれども，自身で驚いたのは，やはり英コミの留学が自費だという。他の大学で留学というのは奨学金がありますよね。

　羅　若干交じったり，自費でやったり，それは。

　内野　義務で自費だから，最近は親が経済的に困難になったからといって，転科をという学生が出始めてきているような印象があったもので。

　羅　そこら辺は運用次第じゃないでしょうか。義務というのではなくて希望者を募ってやっていけば両方バランスよくできるわけなのです。そこの経済的な余裕とか考えがある家庭，父母保証人の方々は，こういう魅力もあるのだと応募できるわけなので，バランスよくできれば，一つのやり方，方法論としてすぐ検討できるかなと思ったのです。

　クレイ　奨学金とかいろいろ制度はあるのですが，ただ，まず非常に高いのと，必修であるということがネックになる。先ほど，例えば国コミと一緒になっていろんな留学先があったほうがいいというお話が出た。私もそう思います。もう少し柔軟度があるというか。

　内野　また，この先のことを考えたときに三つぐらいあると思い

ます。

　一つは，就職の話をすると，もともとそうかもしれませんけれども，本学を卒業した学生は同じ企業に一生いるということはまずないですね。そのときに何をもっていい就職ができますというかは結構難しい問題で，だから私は，実は最近はリベラルアーツを言うときに，現状では転職あるいはキャリアアップが当然になりつつあるので，そのときの決断をするときにやはり深い教養が必要なのだみたいなことを広報的には言うようにしています。ただ父母保証人にとって，転職が前提だといった話が通じるのかどうかはわかりません。そこは様子見をしながらという感じでやらせていただいています。

　それから今の留学の話も，先ほど出ましたが，日文に入ってくる学生のように外国に興味がないという学生もいるので，個々のニーズを把握してフォローし，先ほど出た英語を減らすということもそうです。それも20年後まで持つ発想かどうかはわかりませんが，マーケティング的発想とネオリベ的な効率化の発想，さらに伝統的なリベラルアーツがうまく合致するのがいわゆる体験消費ということだと思うんです。消費という言葉に抵抗があるかもしれませんが，体験することが留学であれ伝統文化演習であれ，学生にとって実になるのだということですね。実際に学生はそうだと思うのです。そのために人を増やしてもらうというのは絶対だと思うのです。

　韓国の研修がありますけれども，韓国語の履修要件というのはどうなっていますか。

　羅　韓国語基礎を無事履修した皆さんは次の応用まで履修できま

135

す。履修している皆さんの中には，韓国語学習だけで十分だと考える学生も多いです。

　内野　そういうふうにやはり多様性と言うのだったら，もちろんヨーロッパのようにエラスムスがあって，英語のプログラムをどこの大学でも持っているということがあるから，英語プログラムに入りやすいということはあるのかもしれませんけれども，ミュンヘン大学に行って英語のプログラムに入るよりは，やはりちゃんとドイツ語でというのは，またそれはそれで難しいですよね。そういうふうに多様化していくという，多言語化していくことはできないんでしょうか。

　武井　ただ，逆にチェコとかポーランドとかルーマニアの大学は，授業は英語でもできるというところで留学の間口が広がっているので。もちろんドイツ語で行ける人は，ドイツ語でやってくれればいいのですが，多言語，やはり英語にプラスして現地語も，という留学制度を持っていないと，学生は行けなくなりますよね。

　内野　もちろんそうなのですが。

　クレイ　でも魅力を感じているらしいですね，英語圏以外の国で，英語で授業を取れるというのは。

　羅　基本，そういうのをもしやった場合に，英語を捨てるのではなくて，基本は英語をメインにしつつ，若干多様性を与えるということなのですが，特に今おっしゃったエラスムスとか，エラスムス

はヨーロッパの中の大学間交流制度なのですが，エラスムス・ムンドゥスというプログラムもあります。それは，ヨーロッパと非ヨーロッパの大学との行き来を自由にさせるというプログラムなので，もし本学がそういったところに興味があったらエラスムス・ムンドゥスへの参加を検討すべきかと。また，アジアの中におけるアジア版エラスムスとしては，キャンパス・アジア・プログラムがあります。だから将来的には国絡みではなくて，学女の中の枠組みにとらわれずに，本当にアジア同士でもいいし，そういったアジア版のエラスムスをいかに実現していくか，個人的にはそれに非常に魅力を感じているわけなのです。そこら辺を逆にわれわれは，率先というか，先を取ってやっていけばやりやすいかなと思うわけなのです。

　実は韓国の提携校から，何年前，キャンパス・アジア・プログラムへの参加を誘われたのだけれども，本学が当時，そういう雰囲気ではなかったので，今やっとそういう話をしているわけです。こういったあたりを開拓していくと，今後歩むべき道の一つとしてあり得るかなと思います。

　内野　工藤先生は，発掘現場によく学生を連れていかれていますよね。発掘現場でなくてもいいのですが，国内留学とかインターンとか，地域に行って何かをそういう具体的な作業に当たるというようなことにも，可能性は大きいですよね。

　工藤　それはもちろんいろいろやったほうがいいと思って，品川先生も集中講義などでいくつかやられていると思うのですが，数をもっと増やしたほうがいいと思うのです。

　今，伝統文化ないし地域食文化なりにしても，学内で勉強できることはありますけれども，それを短期集中みたいな形で，どこかそういった場所に行って体験するというのはもちろんいいと思います。五感を通じて体験・経験することで見える世界というのは必ずあるので。

　発掘調査に数日間行ったところで遺跡のことが全部分かるわけでは決してないのですが，そもそも遺跡を発掘調査して，実際に土の中から遺物が出てきて，それらの遺物を触れるわけですよね。「考古学から歴史を考えるということは，こういうことなのか」と身を持って感じることができるので，私は近い将来に集中講義として単位化して，遺跡発掘調査を大学でやりたいと思っているのです。

　そういった日本国内での日本文化学科らしい様々な取り組みがもう少しあっていいのではないかなと思っています。国コミ・英コミは外に向かっていっている。日文は，逆にもっと内側の文化をより深く理解するとことがとても重要ですし，実際にそういったことに興味がある学生が結構入ってきているので，そういう学生のニーズに対応できるような取り組みをもう少し考えていく必要があるかなと思います。

　内野　科目としては地域活性化と SDGs というテーマで，新設されることは決まっています。

　工藤　ただ，でも座学の講義よりも……。

　内野　そうですよね。オムニバス授業とかで学生の興味を見て，どういうジャンルであれば学生は付いてくるかというのを先生に理

解していただき，そこから具体的な，もう既にやっていらっしゃる
工藤先生はいいわけですが，それ以外の先生がそこで具体的な自分
の活動なり，集中講義の単位化につなげるような道筋をつくる。
ジェンダー・スタディーズもそうなのだけれども，オムニバスを
やっているからいいでしょうではやはりまずい。あとは個々の先生
がそこから何かつくることを奨励するようなカルチャー，体質があ
るといいですね。

武井　オムニバス授業はちょっと増えすぎた感はありますね。

工藤　オムニバスはいいのですが，学内だけでやろうと思うと，
結局，コマを当てるのも大変になってしまう。

武井　そう思います。授業内容も，学生の側から「浅い」と言わ
れてしまいました。やはり教員は自分の専門で話すため授業の一貫
性が乏しく，それだったらちゃんとしたテーマで科目を新しくつ
くったほうがいいと，学生からストレートに言われました。小手先
の対応ではだめだと言うことですね。

内野　教員の負担感も，強くなってしまっている。

羅　私もジェンダー・スタディーズを担当していて若干負担なと
ころはありますが，たとえ浅い内容でも1回ぐらいは貢献してもい
いかなと思います。ただ，現在の個別テーマ中心の授業内容を補完
するという意味で，ジェンダー・スタディーズそのものに関わるも
う少し内容の濃い講義も1〜2回あったほうがいいと思うのです。

　武井　オムニバスも，例えば外部の講師を授業回数の半分くらいで招いて，メインの外部講師に 3，4 回続けて授業していただく。後は 5 〜 6 人の学内教員が埋める，という形にしたほうがいいのではないですか。

　内野　これも，やはり増員というか，その都度，私は増員という概念が，本学でどうなっているのか，まだよくわかっていないところがあります。今のような話になると，コーディネーターが大変になるとすぐに思ってしまう。

　武井　コーディネーターは大変です。

　内野　助教がいないので，副手にどこまで頼めるかというと，なかなかむずかしい。それはこういうシンポのチームで話すことではないのですが。コーディネーターの方の負担が増えていくわけだから，結局のところ，負担感があるから先生方は，個人的には既存の制度内でいろいろやってはくださるけれども，新しいなにかとなると，かなり大変なことになる。そこで増員を要求することになるんだと思いますが，それがどういう道筋でやられているかまた私は今ひとつ，わかっていません。

　羅　だから，そこら辺も一種の決め付けで，どうせ認められないからやらなくなるという，そういう悪循環があるんじゃないですか。そうじゃなくて，本当に魅力あるプログラムだと，やはりそれは実施してみる必要があると思うので，そこら辺はあまり事前に諦めずに，できることを見つけていくというのがよろしいかと思いま

す。

　内野　だから今，新しい試みと現実のカリキュラム編成を連携させていくことが必要だけれども，なかなか難しいですよね。履修している学生が少ないから，駄目と決め付けられない。たまたま学生と興味が合っていないだけで，その先生はすごく素晴らしい先生かもしれない。だから多様性を確保するという意味では，あまり数は減らせないということ。その一方で，教員の負担をどうするかというのは，やはりもうちょっと運営に関われるような道筋があってもいいかなというか，何かを開拓していくためにはという感じはちょっとしますよね。

　それで，最後でもないですが，金城先生のほうから，そろそろ時間も迫ってきているので，何か，もうちょっと本当はこういう話を聞きたかったということがきっとおありだと思うのですが，どうですか。

◆ 議論のまとめ ◆

　金城　今までの話の延長線上で話してもあまり生産的でもないので，あえて違和感があるかもしれないコメントを3点させていただきます。

　1点目は，良くも悪くもこの集団は，何をやりたいのかというのが提起されていない「集団」であることを認識する必要があります。あえて集団と申し上げたのは，組織というのは，目的が定義され，それを実現するために誰がどのような職責を果たすという意味でのオーナーシップがあるものと思います。そういう意味で，本学

は果たして組織と言えるのか。単なる集団に過ぎないのではないか
という気がします。

　したがって，改革や進化をやらないといけないと思っても，それ
を実現する仕組みがないわけです。この大学は，会議体はたくさん
あります。しかし，組織のあり方そのものを考える，あるいは自由
に発言ができる，そしてそれをどのように具体的に実現するかを検
討した上で実行し，その責任を負いながら必要な修正をしていく場
が本当にあるのでしょうか。かかる状況下で，やむを得ずこのよう
なプロジェクトという形態でできるところから始めましょうという
ことになるわけです。

　2つ目は，今日は伝統ということがよく言われたのですが，実は
この大学の伝統は非常に柔軟だということです。これは意外と気付
いていない方が多い気がします。敗戦の結果，学習院という組織が
存立の危機になりました。何とか私立学校として何とか生き延びよ
うというときに短大があったから存続できたのです。今までと違っ
たマーケットに行けて，かつキャッシュが入ってくる。学校法人学
習院も，学習院短大は救いの神だったと今も認識していると思いま
す。

　27 〜 28 年前に四大になったのは英断でした。ちょうど女子の短
大進学者と四大進学者が交差する，その年に四大になっているので
す。そういう意味でもかなり大胆な改革をしています。当時，「国
際文化交流」がまだ注目されていない中で，短大の良さを生かしな
がらうまく脱皮に成功したのです。工藤先生がおっしゃられたよう
に，さすがに 30 年近くたっているから，それも賞味期限だろうと
は思いますが。

　3つ目は，本学は良くも悪くも供給者の論理が通っているかと思

います。需要者といえば学生です。結局，大学として市場のニーズがあまり分かっていないというか，あまり関心がない。あったとしても羅先生とかが一生懸命やっていただいているのだけれども，それを実現する道筋，仕組みが脆弱です。言うだけ疲れてしまうと思われがちになってしまうというところはあるかなと。だから，それは直していくしかないのです。そてて，直していくためにはそういう話も聞いていくしかない。

　武井先生のおっしゃっていた，若者の二十歳前後の方々の生きづらさとか違和感を理解する枠組みに応えていくというのはその通りです。しかし，それはジェンダーに限らない。結局，大学は自分のことを考えても，どうやって生きていったらいいの，どうやって世の中というものと向き合っていって，闘わないといけないときには闘わないといけないのと。そのためにはいろんな体験も必要だし，経験も必要だし，知識も必要なわけですよね。ネットワークも必要だし，プラットフォームも，そういうのを学生は求めているわけで，それが何で，どう応えていくのかなというのを具体化していくのが大学の仕事ではないでしょうか。

　就職のことでいうと，日本の会社はかつての勢いを失いました。その結果，就職状況も 20 ～ 30 年前と激変しています。採用する側も，大学のブランドが全然役に立たなくなっているというのがよく分かっている。

　かつては偏差値が高い大学に入学する能力が求められていました。しかし，就職後にそのような能力が必ずしも個人や組織のパフォーマンスにつながらないことが明らかになっています。むしろ逆相関とも言える状況かもしれません。だから，本学はすごくできる余地があると思うのです。その一方で講義が拡散している感じが

強いので，何をやって，何をやめるのかということを決めて，結果責任を負いながらやっていくしかないと思います。

　当たり前のことしか言っていないですけれども，そういうのをあまり話す場がないので，だから内野先生がいつも言っているように，リベラルアーツというお題目でくくって，先生方からご意見を伺いながら力を合わせて頑張っていくしかないと思います。

　内野　澤田先生も，もしよろしければ。

　澤田　珍しくいろんな先生方のご意見を聞いてきたので，私としては，やはりちゃんとコミットしていかなくてはと，久しぶりに前向きな気持ちになれました。教務委員会も今年から入ったところですが，もう既に問題点がいっぱい出ていて，それなのにこのままいくのかというのがとても気になります。これだけちゃんと具体的にこうしたほうがいいという意見が出ているのだから，すぐそれを反映させて変えればいいというか，そこでスピード感のなさに本当にいらいらするというのがあるのです。

　履修から英語をちょっと減らすとかオムニバスの在り方を変えるとか，今ならまだできる感じなので，だからやればいいと思うのです。それはできますよね。コンセンサスを取ってからとか，皆さんがこれに反対されるか賛成されるかみたいな，そんなことばかりに時間がかかって何もできないという，それがこの大学の組織について，他の大学もそうだと思いますけれども，良くないと思うところです。学生のためにできることはささっとすればいいと思うのです。

　あと，小手先のことはすぐ剥がれるのですが，でもイメージ戦略

という点では小手先のことでもいいから，楽しいキャンパスライフがありますよとか，ポテンシャルはあるのだから，今見せられるものをもうちょっと派手に見せるという，そこら辺は小手先でもやればいいのにと思います。

　大学の改革と関わり，現状を意識しすぎない姿勢というものへの言及がありました。わかります。拙速な改革は避けるべきですし。しかし，全教員が現状を十分に意識しているという実感はありません。本学は急速な変化の中ですでに取り残されています。特に広報戦略など。本学の良い部分を明確に打ちだすことにはすぐ手をつけるべきです。その点で教員が単発的にコミットできることはあります。研究はもちろん，ときに教育面も後回しになるほど事務的作業に忙殺される状況は残念ですがどうしようもない。本学では教員以上に事務担当職員の少なさが物事を停滞させていると思いますが，解決法はないので，私たちはやる甲斐があると思えることに仲間として一緒に取り組むしかありません。

　リベラルアーツについて話を戻しますと，「なんでもあり」の再定義が行われている様子もありますが，それはある意味当然とも思えます。現代は，ほんの数十年前とすらすっかり違う時代です。教育も地域や文化により多様に発展しています。職業訓練的スキルに縛られず豊かな人間形成を目指すというリベラルアーツの精神を核にしながら，「実学」重視の時代と折り合いをつけ，現代ヴァージョンを多少大胆に再構築するのは必然です。多様化するボーダーレスな現代社会において共通言語となるような多彩な知を学生が身につけられる場，そうなるためのリソースが本学にはあると思います。必要なのは，それを明確に外部に示すための新しい形（再編成）です。

　最後にもうひとつ。シンポジウムのパネリストに藤野可織さんをお招きするにあたっては，「これから社会へ出ていく女性の学びの場に大切だと思うこと」を自由にお話ししてほしいとお願いしました。女性の声が力を増してきた文学の分野ではジェンダー・イシューへの意識と理解が急速に進んできましたが，大学のような組織も含め，日本の現実社会は衝撃的に遅れています。藤野さんの話を聞きながら多くの参加者はそのことを実感したはずです。女子大学としての意義を再確認することとあわせ，ジェンダー教育充実という重要課題に真剣に取り組む必要があると思います。

　内野　今日は長時間ありがとうございました。なかなか有意義なお話になったと思います。

今後の課題と展望

学習院女子大学教授　金城亜紀

　本書は，学習院女子大学を主体とする「新しいリベラルアーツ教育の構築」プロジェクトの成果物です。本プロジェクトは，学校法人学習院が 2027 年に創立 150 周年を迎えることを機に，2022 年から 6 年かけてリベラルアーツ教育について考えた上でそれを実践する提案を行うことを目的とします。初年度の 2022 年度は，国内の識者をお招きして混迷の度合いを深める現代社会において大学が果たすべきリベラルアーツ教育のあり方について熟議しました。

　コロナ禍の最中にご多忙を極める日程を縫ってご登壇くださり，それぞれのお立場から示唆に富むご提言をいただいたパネリストの方々に改めて厚く御礼申し上げます。

　リベラルアーツには長い歴史がありますが，現在はかつての輝きを失い時代に適合する意味が求められています。大学においては，リベラルアーツは即効性を求められる実学教育や就職に直結する専門教育と競合し苦戦を強いられています。とりわけリベラルアーツ教育を標榜する本学においては，リベラルアーツについて考えることは，抽象的な議論にとどまりません。それは，本学の意義そのものを考え，必要な変革に勇気をもって取り組むことを意味するのです。本書に収録された学内座談会はその小さな一歩に過ぎません。大学の数が増える一方で大学生の数が激減する中，私たちに残された時間はそう長くありません。

　2023 年度は海外からも識者をお招きし，グローバルな視点でリベラルアーツ教育のあり方を検討する国際シンポジウム"Liberal Arts Education in a Changing World"を開催する予定です。

　大学におけるあるべきリベラルアーツ教育とは何かというという問いは，多くの当事者が重要であることは認めつつも実行を伴う解を見出すのが容易ではありません。このような難問に正面から取り組むことに惜しみない支援をいただいたことは，学習院がリベラルアーツを深く敬愛していることを物語ります。学校法人学習院の平野浩専務理事，学習院女子大学の大桃敏行学長をはじめとする教職員の方々にこの場を借りて厚く御礼申し上げます。

　すべての方を記すことはできませんが，本企画は学内横断的に多くの方々にお世話になりました。とりわけ澤田知香子教授，高橋礼子准教授のお支えなくしてシンポジウムを成功裡に開催することはできませんでした。本書編集の労は橋本彩准教授にお取りいただきました。本学の事務統括部のみなさまには平素よりとてもお世話になっています。今回は特に齊藤裕樹さん，内海真衣さんが私の苦手な手続関係を辛抱強くそして親切に助けて下さいました。また，妹尾優子さんには本プロジェクトの立ち上げから今日に至るまでお力添えをいただきました。この場をお借りして感謝申し上げます。

　最後になりますが，信山社には本企画の構想の段階から賛同いただき，本書の刊行にあたり今井貴様，稲葉文子様に大変お世話になりました。記して御礼申し上げます。

共同編集代表

　内野　儀　日本文化学科 教授（表象文化論，舞台芸術論）

　金城　亜紀　国際コミュニケーション学科 教授（経営史，経営学）

学習院女子大学　年表

1877 年　華族のための学校として学習院創立。当初から男女に門戸が開かれ，女子も満 6 歳から就学できた。

1885 年　華族の女子のための教育機関として華族女学校が開校。「徳育」を重んじて質素・正直を信条とする華族女学校の気風。

1906 年　再び学習院と合併し学習院女学部となる。

1918 年　校舎移転を機に学習院女学部は女子学習院として独立。

1947 年　学習院は財団法人（のち学校法人）となり，私立学校としてスタート。
旧制高等女学校の卒業生を対象として，学習院女子教養学園を設置。

1950 年　当時の社会情勢などから学習院にも女子短大を設置してほしいという強い要望から，学習院は短期大学の設立を決定。戸山キャンパスに学習院大学短期大学部が誕生。

1953 年　学習院女子短期大学に改称。開学当初は文学科のみで，国文学専攻と英語専攻とにわかれていた。学生定員は各専攻で 40 名。

1968 年　文科 130 名・家庭生活科 80 名と定員を大幅に増員。
翌年には「日本の近代化」を研究の柱とする文化史専攻が新設された。

1984 年　海外研修旅行が実施され，翌年には入学定員を 400 名から 600 名へと拡充。

1996 年　学習院女子大学開学準備室が設置され，文部省に認可を申請。

1998 年　学習院女子大学が開学。併せて国際文化交流学部が新設される。

2004 年　より高度な国際文化交流の専門家養成を目標として大学院を開設。

現在，絶え間のない変革を続けながら「グローバル化に向き合い，国際社会で活躍できる女性を育成すること」このコンセプトのもと，国際社会へ対するより深い知識を獲得し，IT や語学力を向上させるためのカリキュラムを設けるなど，さまざまな教育メソッド改革を推進しています。

新しいリベラルアーツ教育の構築
〜学習院女子大学の挑戦〜

2023（令和5）年 3 月31日　第 1 版第 1 刷発行

©編　者　内野　儀
　　　　　金城亜紀

発行者　今井貴子
　　　　　稲葉文子

発行所　㈱信山社
　　　　　〒113-0033 東京都文京区本郷6-2-102
　　　　　電話 03(3818)1019　FAX 03(3818)0344
　　　　　info@shinzansha.co.jp

Printed in Japan, 2023　　　　印刷・製本／藤原印刷株式会社

ISBN 978-4-7972-5939-1 C3337 ￥1600E

村中洋介

そ〜する防災【地震・津波編】

信山社ブックレット

は し が き

　災害には，様々なものがあります。近年，毎年のように被害がもたらされる台風や豪雨災害，東日本大震災，熊本地震や御嶽山などの火山の噴火などは記憶に新しいでしょう。

　そうした災害の中でも，この本では，特に「地震・津波」に焦点を当てて，皆さんと一緒に，法律学の観点から防災のあり方を考えてみたいと思います。

　わが国では，2018 年に震度 1 以上を観測した地震が 2,179 回発生しました（2017 年は 2,025 回）。

　単純に計算すると一日に 5 回以上の体に感じるような地震が起こっていることになります。

　また，地球上で発生しているマグニチュード 6 を超えるような大きな地震の約 2 割がわが国で起こっているともいわれます。2011 年の東日本大震災や 2016 年の熊本地震，1995 年の阪神淡路大震災などが記憶に残っている人も多いと思います。

　そのような国に住んでいるからこそ，地震・津波に備える知識を身に付けることも必要になるでしょう。

　東日本大震災などに関連して，災害時の「責任」が問われる事例もありました。こうした点についても，この本で解説したいと思います。

　　2020 年 1 月

　　　　　　　　　　　　　　　　　　村中 洋介

目　次

1995 年　阪神淡路大震災

出典：(一財) 消防防災科学センター　災害写真データベース

2011 年　東日本大震災

提供：仙台市

ど〜する防災【地震・津波編】

$\boxed{\text{I}}$ 地震・津波防災とは

1 防災ってなに？

　防災とは，一般には，災害を防ぐことを意味するとされます[1]。法律では，「防災」を，「災害を未然に防止し，災害が発生した場合における被害の拡大を防ぎ，及び災害の復旧を図ることをいう」と定義しています（災害対策基本法2条2号）。

　つまり，災害を防ぐという意味の中にも，未然に防止することや被害の拡大を防ぐこと，災害復旧まで含まれることになるかもしれません。しかし，私たち市民にとっての防災は，「災害にそなえる」という表現が理解しやすいと思います。

　では，「災害にそなえる」とはどのようなことを指すでしょう。

　災害には様々な種類があります。

　この本で詳しく説明する地震，津波のほか，暴風や竜巻などの風害，豪雨や洪水などの水害，土石流や崖崩れなどの土砂災害，火山の噴火などが，法律上も災害として位置づけられています（災害対策基本法2条1号）。

　災害にそなえるためには，こうした災害それぞれに適した「そなえ」を実践する必要があるでしょう。

---

(1)　新村出編『広辞苑〔第7版〕』（岩波書店，2018年）2668頁。

○ 災害へのそなえ

　みなさんにとっての「そなえ」としては，「防災グッズ」「非常用持ち出しバッグ」の準備などがあるでしょう。

　非常食や水をはじめ，懐中電灯やラジオ，医薬品などの非常時に必要なもののほか，印鑑や預金通帳，現金，衣類など，避難が長期化するような災害や災害の復旧に必要なものも準備しておくと良いとされています。

　最近は，情報収集の道具として，携帯電話・スマートフォンを利用することも多いかと思いますが，こうしたものについては，充電用のケーブルや電池等で充電する用具もあると便利かもしれません。

　情報や通信が遮断されると「恐怖」という感情が増幅されることもあります。昔に比べると，みなさん自身が情報を得やすい時代となりましたが，そういった時代ならではの準備が必要になるともいえるでしょう。

　また，地震に備える意味では，がれきの下敷きになった際に居場所を伝えるための道具として，音のなるもの（笛や防犯ブザーのようなもの）を身近に持っておくことも効果的でしょう。

　こうした，事前の物品等の準備のほか，家庭内の家具の配置や家族との連絡方法，ハザードマップ・避難経路の確認等，災害に遭う前に日ごろから備えることができること・備えるべきことはたくさんあります。

　地震・津波に関するそなえを次に見ておきましょう。

4

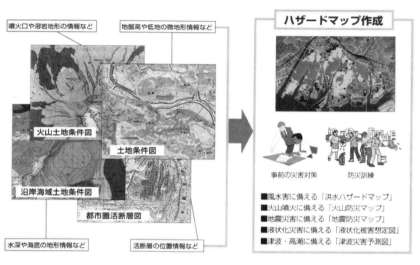

国土地理院ウェブサイトより（https://www.gsi.go.jp/hokkaido/bousai-hazard-hazard.htm，2019 年 12 月 4 日最終閲覧）

出典：地震調査研究推進本部

5

2 地震防災
○ 地震のメカニズム

　地震は，地球に存在するプレートの動きによって生じる「ズレ」によって発生するとされています。

　地球の表面は，「プレート」という岩盤に覆われています。このプレートの動きにより，プレート同士のひずみを生じさせることによって地震が発生し，また岩盤にズレが生じ，断層（活断層）を生み出して地震が発生することになります。

　次のページの図にもあるように，日本の周辺は，多くのプレートが重なり合う地帯となっていることから，地震が多く発生する地帯となっているのです。

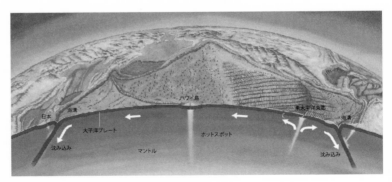

　出典：地震調査研究推進本部

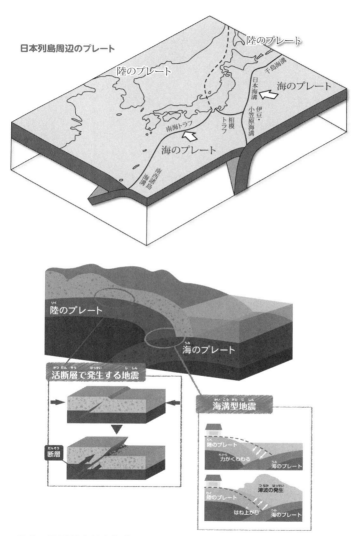

日本列島周辺のプレート

陸のプレート

陸のプレート

海のプレート

千島海溝

日本海溝

海のプレート

相模トラフ

伊豆・小笠原海溝

南海トラフ

南西諸島海溝

陸のプレート

海のプレート

活断層で発生する地震

断層

海溝型地震

陸のプレート

力がくわわる

海のプレート

津波の発生

陸のプレート

はね上がり

海のプレート

出典：地震調査研究推進本部

○ 断層による地震

「断層」ということばを聞いたことがある人は多いと思います。

断層は，プレートの動きによって生じる地表のズレのことをいいますが，海底に存在するものも含めて，人の目で見て確認できるものと，そうでないものがあります。

人の目で見て確認できるものや，人の歴史の中で断層のズレが生じた（地震が起きた）経験のあるものは，「断層」として認識されますが，そうでないものをすべて確認することは困難でしょう。

わが国のように，プレートが重なり合い，ズレが生じやすい地域では，多くの断層が生じ，地震の危険と隣り合わせの環境にあるということがいえます。

そうした断層の中でも「活断層」と呼ばれるものがあります。これは，断層の中でも特に地震の発生しやすいものをいい，170〜200万年前以降に活動があり，将来の活動可能性がある断層のこととされています。

こうした活断層は，数百年から数千年単位での活動がほとんどですが，阪神淡路大震災や熊本地震など近年でも活断層によるとされる地震が発生しています。

活断層により発生する地震は，海溝型地震に比べて，震源が浅く，人の住む場所の近くで発生するため，マグニチュード（M）が小さくても大きなゆれ（震度）を生じさせることがあり

ます。

　こうした，人の住む場所のすぐそばにある活断層で発生する地震を「直下型地震」と呼ぶことがあります。

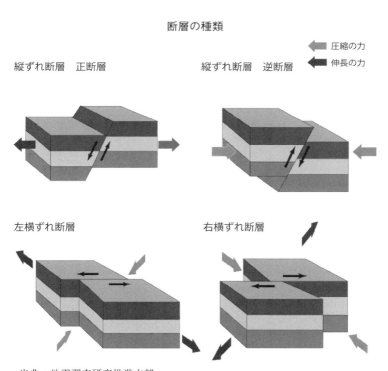

断層の種類

出典：地震調査研究推進本部

○ 地震の大きさとは

　前のページで，「マグニチュード」と「震度」ということば
が出てきました。

　これらはそれぞれ，地震の大きさを表す指標とされています
が，簡単にいえば，マグニチュードは地震そのものの大きさ
（規模）を表し，震度は地震によるゆれの大きさを表しています。

　マグニチュードは地震の規模を表すもののため，場所によっ
て変化するものではありません。○月○日にどれくらいの規模
の地震が発生したかを表すことができます。

　一方の震度は，地震のゆれの大きさを表すものですので，地
震によって，ある地点がどの程度ゆれたかを表すことになりま
す。このため，地震の中心部から離れるにしたがって，ゆれは
小さくなるので，震度は小さくなることになります。

　例えば，東日本大震災の時の，仙台と東京と大阪の震度は，
それぞれ震度６強（仙台市宮城野区），震度５強（東京都千代田
区），震度３（大阪市中央区）となっていますが，地震の規模で
あるマグニチュードは，9.0となっています。

　次のページの震度の表を参照してください。皆さんが経験し
たことのある震度は，この表に当てはめると，どの程度のゆれ
だったでしょうか。わが国では，震度６弱以上のゆれのおそれ
のある地域が多くありますので，それに備えた準備もしっかり
しなければなりませんね。

気象庁ウェブサイトより（https://www.jma.go.jp/jma/kishou/know/shindo/index.html, 2019 年 12 月 4 日最終閲覧）

　ところで，マグニチュードには，モーメントマグニチュード（Mw）と気象庁マグニチュード（Mj）の違いがあります。

　先ほど，東日本大震災の地震の規模は，マグニチュード9.0であるとしましたが，これは，モーメントマグニチュードによる地震の規模を表しています。

　モーメントマグニチュードは，岩盤のずれの規模（ずれ動いた部分の面積×ずれた量×岩石の硬さ）を基にして計算したものとされます。一般に，マグニチュード（M）は地震計で観測される波の振幅から計算されますが，規模の大きな地震になると岩盤のずれの規模を正確に表すことができないとされます[2]。

　アスペリティということばを，東日本大震災の時に聞いた人も多いと思います。アスペリティとは，断層の固着域といわれることもありますが，モーメントマグニチュードの計算式にいう，ずれ動いた部分の面積に関係するもので，この範囲が大きくなると，規模の大きな地震となるといわれます。

　気象庁マグニチュードは，地震計の波の振幅から計算されることになりますが，これを使うことにより，地震の規模を早く正確に導くことができるとされています。

---

(2)　気象庁ウェブサイト（http://www.jma.go.jp/jma/kishou/know/faq/faq27.html，2019年12月4日最終閲覧）。
　　気象庁マグニチュード（Mj）とモーメントマグニチュード（Mw）の違いについては，大塚久哲編著『地震防災学』（九州大学出版会，2011年）96頁も参照してください。

　一方で，マグニチュード8を超えるような巨大地震では，気象庁マグニチュードの計算では，規模を過小評価することになるため，巨大地震の測定には，モーメントマグニチュードの計算を用いることで精度が上がるとされています。

　東日本大震災では，気象庁マグニチュードの計算によって，当初，地震の規模が過小評価された結果，津波警報等の発令（より大きな規模の津波の襲来を伝える内容等への切り替え等）に遅れが生じたとされています[3]。

　科学技術の進歩によって，地震の予知や津波の規模を正確に予測することができたとしても，それによって被害を生じないというわけではなく，「生命を守る」行動をする余裕が生まれるに過ぎません。どんなに科学技術が進歩しても，自然の力に人間が抗うことは，難しい場面があるということになります。

　そうであるからこそ，防災に関する知識を身に付け，日常の中でも防災意識を高めていくことが必要になると思います。

○ 地震による被害の実態

　皆さんは，地震が発生すると，どのような被害が生じるか知っていますか。

　「震度とゆれの状況」の表にもあるように，震度が大きな地震では，家の中の家具の転倒やブロック塀の倒壊，建物自体の崩壊など様々なことが起きます。また，ライフラインの停止や

---

(3)　気象庁「東北地方太平洋沖地震による津波被害を踏まえた津波警報の改善の方向性について（平成23年9月12日）」3頁など。

交通の混乱，通信の遮断などが起こることもあるでしょう。

　次の写真に見覚えのある人もいるのではないでようか。

2018 年　大阪北部地震　地震により倒れたプールのブロック塀
（大阪府高槻市立寿栄小学校）

令和元年版防災白書より（http://www.bousai.go.jp/kaigirep/hakusho/h31/
photo/ph009.html，2019 年 12 月 4 日最終閲覧）

　これは，2018 年の大阪北部地震で倒壊したブロック塀です。
小学校に設置されたブロック塀であり，通学路にも指定されて
いる場所で，小学生児童の死亡を招いたことから話題にもなり
ました。

　「ブロック塀」については，従来から地震時の危険性が指摘されてきました。

　1978年宮城県沖地震（マグニチュード7.4）では，ブロック塀の倒壊による死者が多く発生し，その後ブロック塀の耐震基準の強化がなされました。

　仙台市では，地震による死者16名のうち，11名がブロック塀の倒壊により死亡したとされています[4]。

　地震による被害は，発生する場所によって，その被害の内容が異なりますが，ブロック塀の倒壊のほか，一般に，火災や建物の倒壊，液状化などの被害が発生します。

1995年　阪神淡路大震災

近畿地方整備局ウェブサイトより（https://www.kkr.mlit.go.jp/plan/daishinsai/1.html，2019年12月4日最終閲覧）

（4）　仙台市ウェブサイト（http://www.city.sendai.jp/kekaku/kurashi/anzen/saigaitaisaku/kanren/1978nen.html，2019年12月4日最終閲覧）。

商店街等の家屋被害の状況（2018年　北海道胆振東部地震）

令和元年版防災白書より（http://www.bousai.go.jp/kaigirep/hakusho/h31/
photo/ph017.html，2019年12月4日最終閲覧）

　地震による人的被害として死亡に至る場合の多くは，崩れた建物等による圧死ですが，都市部での地震や，冬の乾燥した時期を想定した地震の被害予測では，火災による死者も多くなるとされています。

　中央防災会議首都直下地震対策検討ワーキンググループがまとめた，「首都直下地震の被害想定と対策について（最終報告）（平成25年12月）」では，冬の夕方・風速8メートル／秒の場合の死者数合計を約16,000人〜約23,000人としていますが，このうち火災による死者は，約8,900人〜約16,000人と，死者数合計の半数以上を占めるとされています[5]。

　ガスは，都市ガス，LPガスに関わらず，ガスメーターの安全装置によって，地震による大きなゆれの場合には，自動的にガスを遮断するものに変わっていることが多いと思います。

---

(5)　中央防災会議首都直下地震対策検討ワーキンググループ「首都直下地震の被害想定と対策について（最終報告）（平成25年12月）」6頁。

　こうしたことから，昔に比べると地震による発火については，安全性が向上しているということができるかもしれません。

　しかし，地震による発火は，ガスに限られるものではありません。電気によるものも多くあります。これは，電気の配線などの断線，電気ヒーターなどの転倒などによるものがあるためです。電気は，ガスのように自動で遮断するわけではありません。このため，地震時または，地震によって停電した場合には，電気の復旧後に火災が発生することがあります。

　こうしたことから，大きな地震の場合には，ゆれが収まった後に，ブレーカーを落とし，電気を元から断つことが勧められています。

　これに関連して，「感震ブレーカー」をつけることで，火災の発生を防ぐことも重要とされています[6]。

　また，液状化被害が予想される地域では，液状化によって，道路の交通に支障が出ることや，住宅などの建物が傾く，倒壊するといったことが発生する場合もあります。

　液状化被害では，道路に埋設された水道管などのライフラインに影響を与えることもあり，地震後の日常の生活を取り戻すまでに時間を要することもあります。

　液状化の危険度について，各地方公共団体が危険度マップなどを作成している例がありますので，皆さんが住んでいる地域

---

(6)　経済産業省「感震ブレーカー」に関するお知らせ（https://www.meti.go.jp/policy/safety_security/industrial_safety/oshirase/2015/10/20190408-1.pdf）。

液状化被害の状況（東日本大震災時の千葉県浦安市）

出典：（一財）消防防災科学センター　災害写真データベース

やその周辺の状況は確認しておくと良いかもしれません。

　液状化の危険性は，埋め立て地のほか，平地の多くでその危険性がありますが，だからといって住めない土地ではありません。状況を把握した上で，長期のライフラインの停止等に備える準備を心掛けるべきでしょう。

　これらのほか，地震の際には，急傾斜地，つまりは山や崖などが崩壊する，地すべり等が発生することがあります。

2018 年北海道胆振東部地震時の地すべり等の状況

令和元年版防災白書より（http://www.bousai.go.jp/kaigirep/hakusho/h31/
photo/ph015.html）

令和元年版防災白書より（http://www.bousai.go.jp/kaigirep/hakusho/h31/
photo/ph016.html，2019 年 12 月 4 日最終閲覧）

こうした被害によって，家ごと押しつぶされて死亡する事例もあります。山や崖に近い場所や山地地域などの海から遠く比較的標高が高い場所であれば，津波の心配はあまりないかもしれませんが，地震による地すべり等を警戒しなければなりません。

地震による地すべりは，大雨によるものなどと異なり，地震という前兆現象がない災害に起因するものですので，いつどこで発生するかわからないという懸念があります。

2016年の熊本地震では，土砂崩れによって，国道や橋が崩落し，車で通行していたと思われる大学生が巻き込まれて死亡しました。

いつ起こるかわからない地震によって，私たちの日常の行動が制約され過ぎるのは良くありません。毎日の通勤・通学で山道を通る人もいるでしょうし，海岸線の道路を通行する人もいるでしょう。そうした時に，地震による土砂崩れや海岸線の崩落，津波などに見舞われることがあるかもしれません。

「運」ということばで片づけることは簡単なことですが，このような被害を防ぐ手立てはないのでしょうか。

難しいことではありますが，行政の活動や法整備によってそうした被害を少しでも防ぐことができないか，私も研究者として日々考えていきたいと思います。

2016 年熊本地震による土砂崩れの状況

平成 29 年版防災白書より（http://www.bousai.go.jp/kaigirep/hakusho/h29/
photo/ph002.html, 2019 年 12 月 4 日最終閲覧）

○ 地震防災の必要性

　地震は，いつどこで起こるかわかりません。そのため，地震
の「予知」「予測」を前提とした防災は，難しいといえます。

　ただし，わが国の地震防災の中には，地震についても前兆現
象を伴う可能性のある地震については，ある程度の「予知」
「予測」が可能であるとして，そうした対応策が設けられてい
るものがあります（Ⅱの中で触れます。）。

　地震防災としてもっとも重要なもとして，建物の耐震性の確
保が挙げられると思います。

　建築基準法では，建物の耐震基準が定められています。

　建築基準法に基づく耐震基準は，1981 年に改正されました。

これは，1978年宮城県沖地震等において，それまでの耐震基準の建物の倒壊が相次いだことから，改正に至ったものです。

この結果，それまでは，震度5強程度のゆれの地震に耐えられる基準であったものが，震度6強のゆれの地震に耐えられる基準が求められることになっています。

2000年には，住宅の品質確保の促進等に関する法律が制定され，住宅性の表示制度が始まりました。ここでは，耐震性能の等級表示がされているものがあり，ここで十分な耐震性能を備えているとされている建物が登場したことから，現行の耐震基準では，震度6強〜7程度のゆれの地震でも建物が倒壊・崩壊するおそれのない基準が用いられています。

地震においては，建物の倒壊等によって押しつぶされるなどする圧死が主要な死亡原因の一つとされています。

日常の生活の場である，自宅（一軒家，マンション），職場，学校など，多くの建物が新たな耐震基準を満たすことによって，いつどこで地震が発生しても，建物の倒壊等による死亡を防ぐことが可能になると考えられます。

阪神・淡路大震災による建築物等に係る被害

・阪神・淡路大震災における状況

死亡者の死因	
	死者数
家屋、家具類等の倒壊による圧迫死と思われるもの	4,831（88%）
焼死体（火傷死体）及びその疑いのあるもの	550（10%）
その他	121（2%）
合計	5,502（100%）

※平成7年度版「警察白書」より（平成7年4月24日現在）警察庁調べ
※消防庁：阪神・淡路大震災について（確定報、平成18年5月19日）による
死者数は6,434名、全壊住家数は約10万5千戸

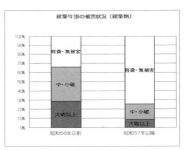

建築年別の被害状況（建築物）

（出典）平成7年版阪神淡路大震災建築震災調査委員会中間報告

→　死者数の大部分が建物等の倒壊が原因
→　現在の耐震基準を満たさない昭和56年以前の建物に被害が集中

国土交通省ウェブサイトより（https://www.mlit.go.jp/jutakukentiku/house/
jutakukentiku_house_fr_000043.html，2019年12月4日最終閲覧）

　　この表にあるように，阪神淡路大震災では，1981年以降の
新耐震基準による建物の被害は，旧基準に比べて少なくなって
います。地震防災としての耐震基準のあり方は，非常に重要な
ものではありますが，次のページ以降の表にあるように，耐震
基準を満たしていない建物もまだありますので，早急に対策を
講じていくことが必要でしょう。

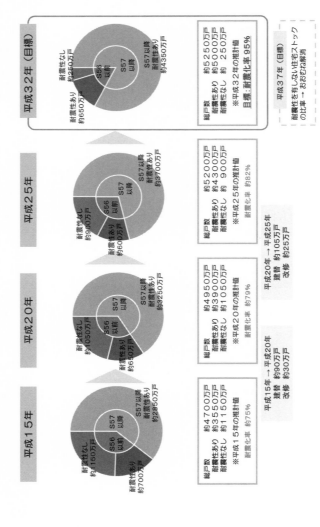

住宅の耐震化の進捗状況

平成15年

総戸数　約4700万戸
耐震性あり　約3550万戸
耐震性なし　約1150万戸

※平成15年の推計値
耐震化率 約75%

S57以降
耐震性あり
約2850万戸

S56
以前

S57
以降

耐震性なし
約700万戸

耐震性あり
約450万戸

耐震性なし
約1150万戸

平成15年→平成20年
建替　約90万戸
改修　約30万戸

平成20年

総戸数　約4950万戸
耐震性あり　約3900万戸
耐震性なし　約1050万戸

※平成20年の推計値
耐震化率 約79%

S57以降
耐震性あり
約3250万戸

S56
以前

S57
以降

耐震性なし
約1050万戸

耐震性あり
約640万戸

平成20年→平成25年
建替　約105万戸
改修　約25万戸

平成25年

総戸数　約5200万戸
耐震性あり　約4300万戸
耐震性なし　約900万戸

※平成25年の推計値
耐震化率 約82%

S57以降
耐震性あり
約3700万戸

S56
以前

S57
以降

耐震性なし
約900万戸

耐震性あり
約600万戸

平成32年（目標）

総戸数　約5250万戸
耐震性あり　約5000万戸
耐震性なし　約 250万戸

※平成32年の推計値
目標・耐震化率 95%

S57以降
耐震性あり
約4350万戸

S56
以前

S57
以降

耐震性なし
約250万戸

耐震性あり
約650万戸

平成37年（目標）

耐震性を有しない住宅ストック
の比率→おおむね解消

https://www.mlit.go.jp/jutakukentiku/house/jutakukentiku_house_fr_000043.html，2019 年 12 月 4 日最終閲覧

国土交通省

多数の者が利用する建築物の耐震化の進捗状況

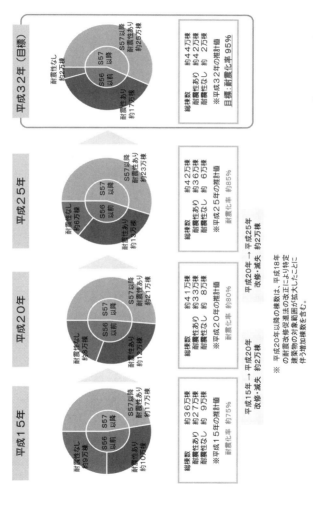

平成15年

総棟数　　　　約36万棟
耐震性あり　　約27万棟
耐震性なし　　約 9万棟
※平成15年の推計値

耐震化率 約75%

平成20年

総棟数　　　　約41万棟
耐震性あり　　約33万棟
耐震性なし　　約 8万棟
※平成20年の推計値

耐震化率 約80%

平成15年→平成20年
改修・滅失 約2万棟

平成25年

総棟数　　　　約42万棟
耐震性あり　　約36万棟
耐震性なし　　約 6万棟
※平成25年の推計値

耐震化率 約85%

平成20年→平成25年
改修・滅失 約2万棟

平成32年（目標）

総棟数　　　　約44万棟
耐震性あり　　約42万棟
耐震性なし　　約 2万棟
※平成32年の推計値

目標：耐震化率 95%

※ 平成20年以降の棟数は、平成18年
の耐震改修促進法の改正により特定
建築物の対象範囲が拡大したことに
伴う増加棟数を含む。

https://www.mlit.go.jp/jutakukentiku/house/jutakukentiku_house_fr_000043.html.　2019年12月4日最終閲覧

こうした住宅の耐震補強のほか，ブロック塀の倒壊防止，火災防止なども重要な地震防災の対策として行わなければなりません。ブロック塀の倒壊による被害は，最近の地震でも発生しており，違法・基準を満たさないブロック塀の対処を行政も考えていかなければならないでしょう。

一方で，「ブロック塀は倒壊するもの」という意識を持つことも必要でしょう。

私は，小学生のときから，「ブロック塀は地震時に倒壊する可能性があるため，地震時にはブロック塀を避けるように」と学校や家庭でいわれてきました。そうした人も多いのではないでしょうか。

わが国のように地震の多い国では，ブロック塀や建物が「崩れるかもしれない」という意識を持ち，各自が行動することも必要になるでしょう。

建物・ブロック塀の倒壊や地震による火災の防止がなされることで，地震による犠牲者を大幅に減らすことができると考えられます。

「生命を守る」ためにも，そうした地震対策が必要なものといえるでしょう。

わが国には，確認されているだけでも約2,000の活断層があり，また南海トラフをはじめとする海溝型地震の発生も危惧されています。そのような場所に住んでいるからこそ，他人事ではない地震防災を行わなければなりません。

　地震の発生確率については，首都直下地震が30年以内に70％程度の確率で発生するとされるなど，確率評価がなされています。

　しかし，2016年の熊本地震は，30年以内の発生確率が1％未満とされていても発生しました。確率の高低で対策をするのではなく，わが国ではどこにいても地震に見舞われる可能性がある。そうした意識を持ち，対策をすることが必要です。

わが国の主な活断層

内閣府ウェブサイトより（http://www.bousai.go.jp/kyoiku/hokenkyousai/jishin.html, 2019年12月4日最終閲覧）

3 津波防災

○ 津波のメカニズム

　大規模な海溝型地震などの際には，津波が発生することを知っていますか。

プレートの沈み込みと
地震の発生によって起こる地殻変動

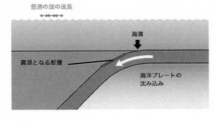

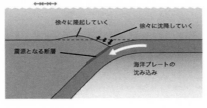

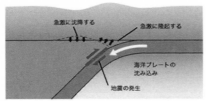

出典：地震調査研究推進本部

　2011年の東日本大震災のことが記憶にある人も多いと思います。

　右の図のように，地震を発生させるような海底の動きによって海面への変化が生じて，津波が発生します。

　このため，震源となる断層面などの震源域が大きい場合には，地震のエネルギーも大きくなり，より大きな津波が発生する可能性があります。

　東日本大震災の時のような，大きな津波は発生しない方が望ましいのですが，自然現象ですので，現代の科学技術によって津波を「発生させない」

津波の速度と高さ

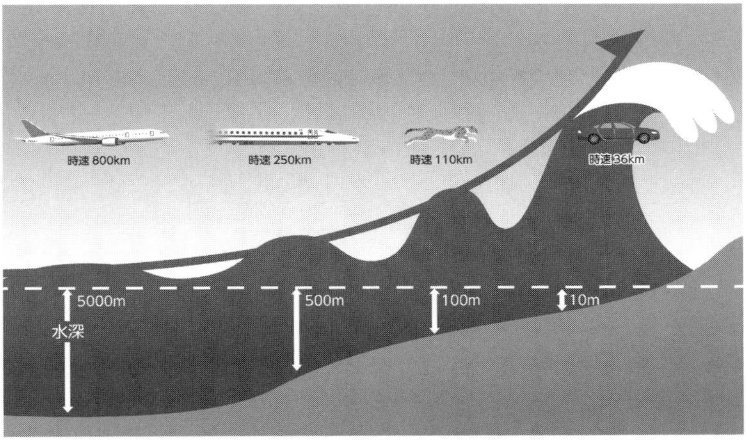

時速 800km 時速 250km 時速 110km 時速 36km

5000m 500m 100m 10m

水深

気象庁ウェブサイトより（http://www.data.jma.go.jp/svd/eqev/data/
tsunami/generation.html，2019 年 12 月 4 日最終閲覧）

ということは困難です。

　このため，津波による被害をより少なくするためには，津波
の特性を理解し，生命，財産を守る方法を考えていく必要があ
るでしょう。

　津波は，陸地に近づくにつれて，速度は遅くなりますが，後
ろから迫ってくる速度の速い波と重なり，陸地に近づくにつれ
て高さが高くなるとされます。また，一度だけでなく，何度も
押し寄せるほか，河川や陸地を遡上して，内陸部にも津波によ
る浸水をもたらすことがあります。

　津波は，次の図のように，海岸の地形によって津波の力が集
中する地点が生じ，他の場所に比べて津波が高くなる場合もあ

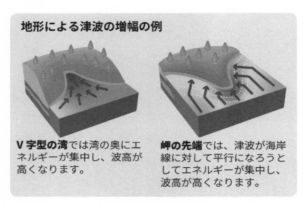

地形による津波の増幅の例

V字型の湾では湾の奥にエ
ネルギーが集中し、波高が
高くなります。

岬の先端では、津波が海岸
線に対して平行になろうと
してエネルギーが集中し、
波高が高くなります。

気象庁ウェブサイトより（http://www.data.jma.go.jp/svd/eqev/
data/tsunami/generation.html，2019 年 12 月 4 日最終閲覧）

ります。

　津波の高さは，検潮所で観測される津波の高さのことをいい
ますが，遡上高という津波が陸地を遡上して到達した「海抜高
度」を指すことばもあります。

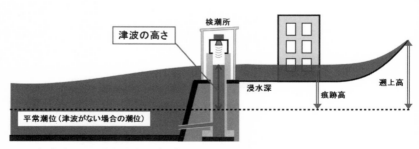

気象庁ウェブサイトより（https://www.jma.go.jp/jma/kishou/know/faq/
faq26.html，2019 年 12 月 4 日最終閲覧）

　東日本大震災の時に観測された津波の高さとしては，（痕跡<ruby>痕跡<rt>こんせき</rt></ruby>等からの推定値として）青森県八戸で6.2メートル，岩手県大船渡で11.8メートル，宮城県石巻鮎川で7.7メートル，福島県相馬で8.9メートルなどとされています[7]。

　また，遡上高については，東日本大震災や1896年の明治三陸津波において，約40メートルにも及んだとされています。

　つまり，海抜40メートル程度の地点にまで津波が遡上し押し寄せたということになります。

　皆さんは，自宅のある場所の海抜または標高[8]を認識されていますか。最近では津波避難への意識の高まりもあり，電信柱等に「この場所の標高・海抜」や「この場所に押し寄せる津波の高さ」などが記されていることもあります。

　ハザードマップによって，浸水予測エリアに含まれていない場合でも安心はできません。次のページの防災白書の図にあるように，東日本大震災では，ハザードマップで浸水が予測されていたエリアを大きく超えて浸水した地域がありました。

　東日本大震災での経験から，各地方公共団体は，ハザードマップの更新をしていますが，実際の災害時にどのような被害が生じるかは分かりません。

(7)　気象庁「現地調査による津波観測点付近の津波の高さについて」http://www.jma.go.jp/jma/press/1104/05a/tsunami20110405.pdf，2019年12月4日最終閲覧。

(8)　標高は，東京湾の平均海面0メートルを基準した高さを表し，海抜は，近隣の海面の平均海面からの高さを表します（国土地理院ウェブサイト https://www.gsi.go.jp/KIDS/KIDS06.html，2019年12月4日最終閲覧)。

　自分自身で，身の回りの状況を確認し，災害時に的確な避難行動をできるようにしておく必要があるでしょう。

津波ハザードマップの予想浸水範囲と実際の浸水範囲

東北地方太平洋沖地震の浸水範囲と
石巻市津波ハザードマップの比較

（出典：東北地方太平洋沖地震　浸水範囲（国土地理院）より）

東北地方太平洋沖地震の浸水範囲と
仙台市津波ハザードマップの比較

平成 23 年版防災白書より（http://www.bousai.go.jp/kaigirep/hakusho/h23/bousai2011/html/zu/zu009.htm，2019 年 12 月 4 日最終閲覧）

○ 津波による被害の実態

　津波による被害は，浸水に伴い，人や車などが流され，また家屋が流され，または流されてきたものによって損傷することがあります。

　大雨時の洪水もそうですが，津波などの「水」の力は，人間の想像以上に大きなエネルギーを持っています。

　津波による浸水が大人のひざ下くらいの30センチ程度であっても，人は，歩いて避難をすることが困難になり，車などもエンジンが止まり流されることがあります。

　つまりは，ほんの少しの浸水だからとあなどることはできません。

2011.03.11

　提供：宮城県 多賀城市

　木造住宅は，2メートルを超える波によって全壊の可能性があるとされます。東日本大震災の映像で見た人も多いと思いますが，波の力によって家が押し流されるということが発生していました。

　鉄筋コンクリートの建物であれば，よほど大きな波でない限り全壊ということにはならないとされます。このため，海沿いの地域では，鉄筋コンクリート造であり，浸水の影響がない程度の高さのある建物が「津波避難ビル」に指定されている場合があります。

2019年11月22日撮影

　この津波避難ビルについては，地域にある避難施設以外の建物で，住民が津波からの避難をする場合に，指定の避難場所（指定緊急避難場所）へ避難する時間的余裕がないことがあることから，各地方公共団体が民間の施設管理者等と協議を行い，指定する事例があります。

　津波避難ビルについての取組みは，東日本大震災以前からありましたが，東日本大震災以降，津波避難ビルに指定される建

物が大幅に増えています[9]。

　しかし，鉄筋コンクリート造の建物であるからといって，その中にいれば安全というわけではありません。

　次の写真のように，頑丈な建物であっても，津波が押し寄せて，津波は建物内部のものを押し流してしまうことがあります。

　こうしたことから，津波避難においては，「より高く安全な場所への避難」が鉄則ということがいえます。

出典：（一財）消防防災科学センター　災害写真データベース

---

(9)　安藤尚一「全国の津波避難ビルの実態と動向分析」地域安全学会梗概集35号（2014年）5頁。

○ 津波防災の必要性

　津波防災として，前にも触れた津波避難ビルのほか，「津波避難タワー」の設置が進められています。

　津波避難タワーは，津波避難ビルのように既存の建物で，津波に耐えうる強度・高さをもつものを指定するのではなく，高台や避難できる建物のない沿岸地域などに設置されている津波避難を目的とする工作物です。

　高台などがない沿岸住宅地域にとって，住民が遠くの高台・建物に避難しなくても生命を守ることができる重要な施設です。

津波避難タワー（高知県黒潮町）

　内閣府ウェブサイトより（http://www.bousai.go.jp/kohou/kouhoubousai/
　h29/89/news_03.html，2019 年 12 月 4 日最終閲覧）

一方で，この津波避難タワーについては，かえって犠牲者を増やすことになるケースもあるとの指摘もあります[10]。

ここでは，「避難タワーは耐久性，高さともに安全性に限界があるが，住宅地に近いため誘導効果をもちやすい。想定以上の津波が来た場合，相当の犠牲者を生む危険性がある」との指摘がなされています[11]。

想定以上の津波が押し寄せた場合には，高層ビルとは異なり津波避難タワーなどの高さに限界のある施設（想定される津波を考慮して設計されているもの）については，「想定外」の津波には対応できない可能性があります。

Ⅳの事例でも触れますが，東日本大震災時には，一時的な避難場所とされていたビルの屋上へ避難した結果，想定外の津波により被災したケースがありました。

高台などの「より高く安全な場所への避難」が鉄則とされる津波からの避難においては，津波避難ビルや津波避難タワーは，場合によっては「安全でない」ことがあるかもしれません。

しかし，東日本大震災以降，津波の想定が引き上げられたこともあり，著しく想定を超える可能性は低いとも考えられます。

---

(10) 「津波……「避難タワー」設置で被害増加ケースも　群馬大シミュレーション」産経ニュース 2014 年 6 月 28 日（https://www.sankei.com/affairs/news/140628/afr1406280001-n1.html，2019 年 12 月 4 日最終閲覧）。

(11) 同記事，片田敏孝群馬大教授の発言。

ハード対策によって行われる津波防災の例

国土交通省ウェブサイトより（https://www.mlit.go.jp/river/kaigan/main/
kaigandukuri/tsunamibousai/04/index4_1.htm，2019 年 12 月 4 日最終閲覧）

　津波防災は，地震に対する建物の耐震化，河川の氾濫に対する河川堤防・ダムの設置などのような，いわゆるハード面の対策には限界のあるものといえるかもしれません。

　もちろん，巨大な防波堤，防潮堤（海岸堤防など）を建設することによって被害を防ぐまたは緩和することが可能な場合もあるでしょう。

　それでも，津波の力で防潮堤が崩壊することもありますし，想定よりも高い津波が押し寄せた場合には，防潮堤を超えて津波が押し寄せることになります。

　防潮堤などのハード面の防災は，建物等への被害を少なくする減災の効果はあるかもしれませんが，人命を守るためには，「より高く安全な場所への避難」が求められます。

　防潮堤などによって，その避難のための時間的な余裕が生まれることはありますので，その意味での重要な対策といえるでしょう。

　また，津波による被害が生じることによって重大な被害の危険性がある重要施設については，独自の津波防災が行われている例もあります。

　東日本大震災では，東京電力福島第一原子力発電所が津波による被害を受け，結果的に周辺地域への放射性物質による影響を与えることになりました。

　このため，そうした重要施設については，最大規模の津波を想定した対策が採られています。

中部電力浜岡原子力発電所の防波壁

提供：中部電力
※浜岡原子力発電所は，現在原子炉の運転にかかる審査中のため，防波壁の高さが今後更新される可能性があります。

　津波防災は，私たち一人ひとりの的確な避難行動なくして完成しません。

　津波が押し寄せた場合には，全力で走って逃げても，多くの人は追いつかれてしまいます。近くの高台や高い建物に避難することが必要になりますが，そういった場所のない地域に住んでいる人やそういった地域で地震・津波に見舞われることもあります。

　沿岸部の地方公共団体は津波に関するハザードマップを作成していますので，少なくとも，自分の行動範囲については，ハザードマップで確認することも必要だといえるでしょう。

Ⅱ 地震への「そなえ」と法

1 国の法による「そなえ」

　災害・防災に関する国の法は，数多く存在しますが，その基本となるものとして，災害対策基本法があります。この法律では，災害や防災の定義のほか，災害に備えて国や地方公共団体が行わなければならないこと（防災計画等の策定など），災害が起こった際に国や地方公共団体が行わなければならないこと（避難に関する情報提供や救助活動など），災害後の復旧・復興など様々なことについて規定がなされています。

　災害対策基本法については，『ど～する防災【水害編】』で詳しく触れていますので，こちらも参考にしてください。

　ここでは，地震防災に関連する法を詳しく見ておきましょう。

○ 建築基準法

　地震防災に関する法には，「建築基準法」という法律があります。

　これについては，前にもⅠ．2の中で触れました。

　建物が地震に耐えられるように設計されることで，地震の際に建物が倒壊することを防ぎ，生命を守ることができるようにするというものです。

　現在では震度6強～震度7程度のゆれによっても建物が倒壊しないような基準によって，建物が設計，設置されることになっています。

　建築基準法の耐震基準に関連して，「建築物の耐震改修の促進に関する法律」（耐震改修促進法）があります。

　この法律は，1995 年の阪神淡路大震災を契機として，同じ年に制定されたものです。

　ここでは，住宅や多数の人が利用する建物の耐震化目標が定められ，2003 年に 75%，2019 年に 95%，2024 年に住宅については概ね耐震化が完了という目標を定めています。

　また，病院や学校などの施設については，耐震診断の義務を課し，耐震化を求めることになっています。

　このうち，公立学校の耐震化については，2015 年に概ね完了したとされています。2019 年 4 月 1 日現在では，小中学校の耐震化率は 99.2% となっていますが，小中学校で耐震性がない建物として 894 棟があるとされています[12]。

　また，幼稚園の耐震化率は 95.5%，高校の耐震化率は 98.7% となっています[13]。

　学校などの耐震化事業については，2005 年に制定された「地震防災対策特別措置法」によって，国庫補助率を上げて，早急な整備を促しています。

　ただし，学校が地震に強いからといって，大雨時の洪水や津

(12)　文部科学省「平成 31 年度（2019 年度）公立学校施設の耐震改修状況フォローアップ調査の結果について」3 頁（http://www.mext.go.jp/b_menu/houdou/31/08/attach/__icsFiles/afieldfile/2019/08/09/1419961_001.pdf，2019 年 12 月 4 日最終閲覧）。

(13)　文部科学省「平成 31 年度（2019 年度）公立学校施設の耐震改修状況フォローアップ調査の結果について」1 頁。

波，土砂災害など，あらゆる災害にも強いとは限りません。周辺の状況なども確認して通学や避難をする必要があります。

　学校と活断層の関係についての調査では，全国 43360 の学校施設（小・中・高校，高専，短大，大学と養護学校を含む）と活断層の位置関係について調査をし，活断層（明確な活断層に推定される活断層を加えたもの）から 200 メートル以内に存在する施設が 1500，その中でも極めて活断層に近い活断層から 50 メートル以内に存在する施設が 571，活断層直上に存在する施設も 225 存在するとされています[14]。

　そうした場所に存在する学校があることを考えると，建物の「耐震化」は重要な対策の一つといえるでしょう。

○ 特定の地震発生に関する法
　大規模地震対策特別措置法という法律があります。

　この法律は，「大規模な地震による災害から国民の生命，身体及び財産を保護するため，地震防災対策強化地域の指定，地震観測体制の整備その他地震防災体制の整備に関する事項及び地震防災応急対策その他地震防災に関する事項について特別の措置を定めることにより，地震防災対策の強化を図り，もつて社会の秩序の維持と公共の福祉の確保に資すること」を目的として定められています（1 条）。

---

(14)　中田高，隈元崇「活断層位置情報からみた土地利用の問題点と『活断層法』について──活断層詳細デジタルマップの活用例(1)学校施設と活断層──」活断層研究 23（2003 年）15 頁，第 1 表「断層線直上，または 200 メートル以内に位置する学校施設の数」。

　要するに，この法律は，大規模な地震が発生しそうな地域があれば，その地域の地震対策強化を行うとともに，直前の地震予知体制の整備も行うというものです。

　ここで，地震予知の対象とされたものに「東海地震」があります。

　東海地震は，南海トラフ地震の一つとされるもので，静岡県付近を震源とする大規模地震とされています[15]。そして，東海地震については日本で唯一直前予知の可能性がある地震と考えられてきました[16]。

　このため，大規模な地震が発生する恐れがある場合には，「東海地震に関連する情報」として，これまでに市民生活に影響があるような警戒宣言がなされたことはなく，周辺で発生した地震との関係で，東海地震との関連についての調査や解説に関する情報が出されたのみです。

　なお，東海地震に関連する情報については，2017 年 11 月から「南海トラフ地震に関連する情報」の運用が開始されたことによって，現在，東海地震のみに着目した情報の発表は行われていません。

　南海トラフ地震については，「南海トラフ地震に係る地震防災対策の推進に関する特別措置法」という法律が 2002 年に制定されました。

---

(15)　気象庁ウェブサイト（https://www.data.jma.go.jp/svd/eqev/data/nteq/tokaieq.html，2019 年 12 月 4 日最終閲覧）。
(16)　気象庁ウェブサイト（同上）。

南海トラフ地震に関連する情報の種類と発表条件

情報の種類	発表条件
南海トラフ地震に開連する情報（臨時）	○南海トラフ沿いで異常な現象が観測され，その現象が南海トラフ沿いの大規模な地震と関連するかどうか調査を開始した場合，または調査を継続している場合 ○観測された現象を調査した結果，南海トラフ沿いの大規模地震発生の可能性が平常時と比べて相対的に高まったと評価された場合 ○南海トラフ沿いの大規模地震発生の可能性が相対的に高まった状態ではなくなったと評価された場合
南海トラフ地震に関連する情報（定例）	「南海トラフ沿いの地震に関する評価検討会」の定例会合において調査した結果を発表

※南海トラフ地震発生の可能性が相対的に高まった旨の情報を発表した場合でも，南海トラフ地震が発生しないこともあります。また，異常な現象が発生せず，情報の発表がないまま，突発的に南海トラフ地震が発生することもあります。

気象庁ウェブサイトより（https://www.jma.go.jp/jma/kishou/books/hakusho/2018/index2.html#toc-032，2019 年 12 月 4 日最終閲覧）

　南海トラフは，東海地域から九州の東海域にわたるプレートの沈み込みのある場所で，100〜200 年間隔で繰り返し地震が発生していると考えられています。

　この南海トラフ地震では，最悪の場合の死者が 32 万人を超えるともいわれており[17]，特に静岡県や高知県などの沿岸地域での津波による被害が大きいとされています。

---

(17)　NHK NEWS WEB「南海トラフ巨大地震 被害想定 死者 32 万人超」（https://www3.nhk.or.jp/news/special/saigai/natural-disaster/natural-disaster_04.html，2019 年 12 月 4 日最終閲覧）。

南海トラフ地震の想定震源域

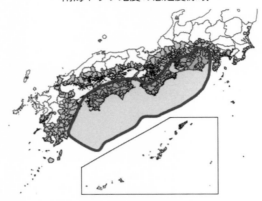

　こうしたことから，私の住む静岡県浜松市では，津波による
被害を少なくするための防潮堤の設置が進んでいます[18]。

　このほか，「日本海溝・千島海溝周辺海溝型地震に係る地震
防災対策の推進に関する特別措置法」（2004 年），「首都直下型
地震対策特別措置法」（2013 年）によって，こうした地域での
地震についての調査や防災対策としての施設整備等が法律に
よって定められています。

2　地方の条例による「そなえ」

　地震防災については，地方が独自に条例による対策を行って
いる事例があります。

---

(18)　静岡新聞 2019 年 11 月 24 日朝刊 27 面「遠州灘防潮堤 9 割完了」。

　これは，活断層上の土地利用規制に関するもので，活断層上やその周辺への建物の設置を避けさせることによって，建物が断層による地震から受ける影響を減らし，建物の倒壊などを防ぐ効果が期待されます。

　こうした条例を初めて制定したのは，兵庫県西宮市です。西宮市は，阪神淡路大震災で被災した直後の1995年3月に「震災に強いまちづくり条例」（現在は「開発事業等におけるまちづくりに関する条例」に継承しています。）を制定しました。

　この条例では，大規模開発やマンション建設にあたって，建設予定地が活断層の近く（旧来は概ね100メートル以内の運用。現在は，新たな活断層図を作成し，その直上にあたる場所。）である場合には，地質調査や第三者の意見書が求められることになっています。

　マンション選びの際に，活断層が近くにあるかどうかを真剣に調査している一般の人は多くないかもしれませんが，行政が開発事業者に対して指導することや行政から活断層に関する情報提供がなされることによって，安心して居住できるという人もいるでしょう。

　現行の西宮市条例では，9条で，「開発事業を行う事業主は，地形，地質その他の地盤条件の調査を十分に行い，地震，火災，浸水その他災害に対する対策を講じるよう努めなければならない。」と規定され，条例施行規則18条2項において，一定規模以上のマンション建設などで，市の作成した活断層図などからこの影響を受ける恐れが認められる場合には，地質調査が求め

られることとなっています。

　こうした活断層上の土地利用規制に関する取組みは，2012年に制定された「徳島県南海トラフ巨大地震等に係る震災に強い社会づくり条例」にもみられます。

　徳島県条例では，特定活断層調査区域を設定した上で，この区域での土地利用規制として，建物の新築等に関しては，特定活断層の直上への設置を避けるように規定しています（56条）。

　ここで，対象とされる施設は，学校などのほか，多数の人が利用する施設として規則で定めるもの，火薬などの危険物などの貯蔵施設として規則で定めるものが対象とされ，活断層の直上を避けることとされます。

　具体的には，幼稚園，小中学校などの学校施設，保育施設，老人ホームなどのほか，一定規模以上の病院，運動施設，映画館，集会場，百貨店，ホテル・旅館，共同住宅（マンションなど），事務所，博物館，図書館，飲食店，理容院・美容院，銀行，信用金庫，工場，バスターミナル，駅，駐車場など様々な建物が対象とされています。

　しかし，上に示した，病院以降の施設は，対象となる施設の規模について，「階数が3以上かつ用途面積が1000平方メートル以上」と規定されていますので，多くの施設が対象となるわけではありません。ただし，同一建物内に複数の施設が入居する建物についても対象とされますので，雑居ビルや商業店舗の入居する建物，ショッピングセンターなどは規制の対象となるでしょう。

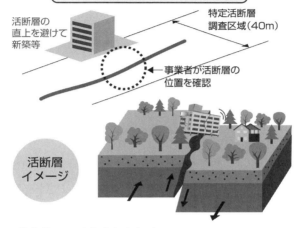

徳島県ウェブサイトより（https://anshin.pref.tokushima.
jp/docs/2013082700049/，2019 年 12 月 4 日最終閲覧）

　徳島県条例については，津波防災に関する規定も含まれます
が，この点については，Ⅲ津波への「そなえ」と法，の中で改
めて触れることにします。

　こうした活断層上の土地利用規制は，活断層の位置が確認さ
れている地域の防災には効果的なものといえるかもしれません。
　そうした活断層上の土地利用規制を全国的に行うべきである
との指摘もありますが[19]，わが国のような地震大国では，活断

（19）　中田高「カリフォルニア州の活断層法『アルキストープリオロ
　　特別調査地帯法（Aiqiost-Priolo Special Studies Zones Act）』と地
　　震対策」地學雑誌 99 巻 3 号（1990 年）289 頁以下，中田高＝隈元崇

層上や活断層の近くに多くの生活エリアが存在することから，規制が困難だとの指摘もあります[20]。

　全国の活断層を対象として規制を行うことは難しいかもしれませんが，特定の地域の特定の断層など地域を限定した規制であれば，混乱も少なく実施できるかもしれません。

　断層による地震は，頻繁に起こるものではないため，そうしたもののために土地利用規制を行うことには否定的な意見もあるでしょう。土地利用規制によって，所有する土地を有効に活用することができない（活断層があるために所有する土地全体に建物を設置することができない場合など）可能性もありますし，活断層近くの土地の価値が下がる可能性もあります。

　しかし，地震という，いつ発生するか分からない災害であるからこそ，より効果的な防災のための方法を模索するべきでしょうし，こうした土地利用規制は，その一つの方法であると考えられます。

「活断層位置情報からみた土地利用の問題点と『活断層法』について——活断層詳細デジタルマップの活用例(1)学校施設と活断層——」活断層研究 23 号（2003 年）13 頁以下など。

(20)　目黒公郎＝大原（吉村）美保「人口減少社会における活断層対策の展望」活断層研究 28 号（2008 年）91 頁。また，活断層上の土地利用がわが国では困難であるとして，建築物の耐震・免震の基準を活断層上の建築物について強化するべきとの意見もあります（久田嘉章「活断層と建築の減災対策」活断層研究 28 号（2008 年）86 頁）。

3　海外の活断層規制法

　ここでは，活断層法の制定の事例として，カリフォルニア州の事例を紹介します。

　カリフォルニア州では，1971 年 2 月 6 日午前 6 時 1 分頃に発生したサンフェルナンド（San Fernando）地震[21]によりロサンゼルス市やその近郊が被害を受けたことから，州議会議員が中心となって，サンフェルナンド地震の翌年 1972 年 12 月 22 日に Alquist-Priolo Special Studies Zoning Act（アルキスト・プリオロ特別調査地帯法：1993 年に Alquist-Priolo Earthquake Fault Zoning Act（アルキスト・プリオロ地震断層地帯法）に改正されています。）が制定されました。

　この法律では，①州鉱山地質局の長官が公表した活断層図に基づき，活断層に沿って活断層の両側それぞれ約 200 メートル（指定範囲としては，約 400 メートルの幅）の特別調査地帯を設定すること，②この特別調査地帯の指定範囲内で，一般に人が居住する建物の設置を留保（一時的に見合わせ）し，③建物の

---

[21]　当初はロサンゼルス地震と称されていましたが，サンフェルナンド地区に被害が集中したことから，サンフェルナンド地震と命名されました。地震の規模は Mw（モーメントマグニチュード）6.6，震源の深さは 13 キロメートル（暫定発表では 10 キロメートル），シェラメドレ断層（サンアンドレアス断層帯）の破断によるものとされています。なお，サンフェルナンド地震と被害の詳細については，諏訪彰「サンフェルナンド地震について」地震予知連絡会会報 6 巻（1971 年），大崎順彦「サンフェルナンド地震と建築の被害」土と基礎（現，地盤工学会誌）19 巻 8 号（1971 年），柴田碧＝久保慶三郎「サンフェルナンド地震・概要」生産研究 23 巻 8 号（1971 年）などを参照してください。

設置前に地質調査を行い，ここで断層が発見された場合には，その断層から約 15 メートルセットバックして建物の設置を行うこととされました。

　1993 年の改正後は，既に存在が分かっている活断層から約15 メートル以内の区域を地震断層地帯として，居住用建物の設置が禁止され，改正前の特別調査地帯（約 400 メートル幅の地帯）では，建物の設置前に地質調査が義務づけられています。

　また，特別調査地帯に含まれる地域での住宅等の売買については，建物が特別調査地帯内に位置していることの告知義務も規定されています。

　わが国でも，既に存在が分かっている活断層について，住民が認識しやすい制度（不動産売買や賃貸契約時の告知など）があると，自分たちの住む地域の状況を理解しやすいかもしれません。

　最近では，インターネットを通じて，活断層図の閲覧をすることができますので[22]，こうした情報を日常生活の中で活用することで，行政などに頼るばかりでなく，自ら活断層を考慮した行動をとることも重要かもしれません。

　活断層上の土地利用規制に関する法制度は，カリフォルニア州だけではなく，台湾やニュージーランドなどでも見ることができます。こうした地域は，断層が多く，地震が発生しやす

---

[22]　ハザードマップポータルサイト（https://disaportal.gsi.go.jp/）内の「重ねるハザードマップ」から，都市活断層図を閲覧することができます。

い・地震による被害の経験のある地域と重なります。

　わが国の西宮市のように，地震を契機として，条例を制定し，対策を行っている地方公共団体もありますし，徳島県のように，いつ起こるかわからない地震への対策として条例を制定する地方公共団体もあります。

　台湾において活断層上の土地利用規制を行う法整備がなされた背景には，1999年の集集地震があり，この時は，断層のズレによってダムが崩壊し，下流域に大きな被害をもたらしました。

　こうした被害を生まないためにも，何らかの方法で断層についての法制度の整備や，断層上の地域に人々の生活エリアがあるために調査できていない場所の調査などを行うことが，これから先の防災を考える上で必要な取組みといえるかもしれません。

Ⅲ 津波への「そなえ」と法

1 津波対策の推進に関する法律

　2011 年の東日本大震災では，津波によって大きな被害が発生しました。この経験を踏まえて，津波防災に関する基本の法律として，「津波対策の推進に関する法律」（津波対策推進法）が，2011 年に制定されました。

　この法律では，「津波による被害から国民の生命，身体及び財産を保護するため，津波対策を推進するに当たっての基本的認識を明らかにするとともに，津波の観測体制の強化及び調査研究の推進，津波に関する防災上必要な教育及び訓練の実施，津波対策のために必要な施設の整備その他の津波対策を推進するために必要な事項を定めることにより，津波対策を総合的かつ効果的に推進し，もって社会の秩序の維持と公共の福祉の確保に資すること」が目的として定められています（1 条）。

　つまりは，国民の生命，財産等の保護のために，津波調査や観測，津波教育や防災施設の整備などの基本的な事項を定めることとしています。

　この法律では，国民などに対しても，津波対策の重要性への理解，関心を深めることや国などが実施する津波対策への協力を求めています（3 条）。

　そのほか，地方公共団体が，その地域の地形や土地利用の状況，津波に関する最新の知見を踏まえた上で，浸水する範囲とその浸水深の予測を行い，これを適宜更新することを求めています（6 条）。

　また，避難情報の伝達体制の整備や津波防災のための施設や構造物の整備といった，津波防災の基本についての定めがあります。

　こうした取組みは，法律の制定前から行われてきたものではありますが，東日本大震災による経験を踏まえて，法律として明記したということができるでしょう。

　なお，11月5日は，津波防災の日とされていますが，この法律の15条で「国民の間に広く津波対策についての理解と関心を深めるようにするため，津波防災の日を設ける。」として定められました。

内閣府ウェブサイトより（http://www.bousai.go.jp/jishin/tsunami/tsunamibousai/tsunamibousaiday.html，2019年12月4日最終閲覧）

2　津波防災地域づくりに関する法律

「津波防災地域づくりに関する法律」は，2011 年に東日本大震災の経験を経て制定されました。

この法律では，津波防災地域づくりといわれる，「津波による災害を防止し，又は軽減する効果が高く，将来にわたって安心して暮らすことのできる安全な地域の整備，利用及び保全」の推進を行うことによって，国民の生命，財産の保護のための計画や津波防災設備などの整備，津波災害警戒区域の設定，津波災害警戒区域での土地利用規制などについて定めることとされています。

そして，この法律では，国土交通大臣が定める指針に基づき，都道府県知事が津波浸水に関する調査を行い，津波浸水想定を公表すること（6 条以下），津波防災地域づくり推進のための計画を策定し，津波防護のための新設・改良やその管理などを行うこと（10 条以下），津波災害警戒区域などについての指定をし，土地利用規制を行うこと（53 条以下），が定められています。

ここで，津波災害警戒区域などとしての土地利用規制について少し紹介したいと思います。

この法律の中では，津波災害警戒区域と津波災害特別警戒区域ということばが出てきます。

都道府県知事は，津波災害警戒区域として，「津波が発生した場合には住民その他の者の生命又は身体に危害が生ずるおそれがあると認められる土地の区域」であって，防災体制の構築などが必要な地域と定めています。

57

　また，この津波災害警戒区域のうち，「津波が発生した場合には建築物が損壊し，又は浸水し，住民等の生命又は身体に著しい危害が生ずるおそれがあると認められる土地の区域」で開発行為や建物の建築制限などの土地利用規制を行う必要のある地域を，津波災害特別警戒区域として，指定できると定めています。

　つまりは，津波による被害が著しく大きいと予想され，生命への危険がある地域で，防災体制の構築などでは不十分（津波避難タワーの整備のみならず，土地利用規制を行うなどしなければ，生命への危険があるなど）とされる地域を，津波災害特別警戒区域として，それ以外の津波の被害が予測される地域を津波警戒区域として差別化しています。

　大雨や高潮などの浸水予測に基づいて土地利用規制を行う条例は，従来からありましたが，津波対策としてこうした規制を行うことによって，人命を守る取組みを行うことの必要性を東日本大震災の経験から認識したということでしょう。

　こうしたことによって，今後の防災のためのまちづくりでは，沿岸部の開発を避け，高台などに市街地を整備することなどが進むかもしれません。しかし，日常生活の利便性や既存交通網との関係，さらには整備にかかる費用面の問題もあります。

　数百年に一度や千年に一度の津波への「そなえ」という場合には，そうした対策も必要かもしれませんが，私たちの日常生活とのバランスも踏まえた地域づくりを考えていかなければなりません。

概要

基本指針（国土交通大臣）

津波浸水想定の設定

都道府県知事は、基本指針に基づき、津波浸水想定（津波により浸水するおそれがある土地の区域及び浸水した場合に想定される水）を設定し、公表する。

推進計画の作成

市町村は、基本指針に基づき、かつ、津波浸水想定を踏まえ、津波防災地域づくりを総合的に推進するための計画（推進計画）を作成することができる。

特例措置
（推進計画区域における特例）

津波防災住宅等権引建区域の創設

→

都道府県による
集団移転促進事業計画の作成

津波避難建築物の
容積率規制の緩和

一団地の津波防災
拠点市街地形成施設に関する
都市計画

津波防護施設の管理等

都道府県知事又は市町村長は、盛土構造物、閘門等の津波防護施設の新設、改良その他の管理を行う。

津波災害警戒区域及び津波災害特別警戒区域の指定

・都道府県知事は、警戒避難体制を特に整備すべき土地の区域を、津波災害警戒区域として指定することができる。
・都道府県知事は、警戒区域のうち、津波災害から住民の生命及び身体を保護するために一定の開発行為及び建築を制限すべき土地の区域を、津波災害特別警戒区域として指定することができる。

3　気象業務法

　津波警報の発令等に関する「気象業務法」という法律があります。この法律の 13 条では，「気象庁は，政令の定めるところにより，気象，地象，津波，高潮，波浪及び洪水についての一般の利用に適合する予報及び警報をしなければならない」と定め，気象庁に津波警報などの発表をする義務があることを示しています。

　ここでの警報は，津波に限られるものではなく，大雨や洪水の警報も含まれます。しかし津波については，予測が過小評価された場合に，他の災害と比べても大きな被害を招く危険があります。このため，気象庁には，より精度の高い情報の収集とその分析に基づく警報等の発令が求められるほか，迅速な情報伝達が求められるでしょう。

気象業務法に基づく津波警報等の法定伝達ルート

平成 22 年版防災白書より（http://www.bousai.go.jp/kaigirep/hakusho/
　h22/bousai2010/html/zu/zu074.htm，2019 年 12 月 4 日最終閲覧）

　津波の避難を呼びかける警報などについては，東日本大震災後に，より分かりやすい呼びかけを行うことができるよう，次

の図のように，「巨大」，「高い」といった表現に改められました
た。

津波警報等の発令基準と表現など

	予想される津波の高さ		とるべき行動	想定される被害
	数値での発表 （発表基準）	巨大地震の 場合の表現		
大津波警報	10m超 (10m<高さ)	巨大	沿岸部や川沿いにいる人は、ただちに高台や避難ビルなど安全な場所へ避難してください。津波は繰り返し襲ってくるので、津波警報が解除されるまで安全な場所から離れないでください。 ここなら安心と思わず、より高い場所を目指して避難しましょう！ 津波防災啓発ビデオ「津波からにげる」(気象庁)の1シーン	木造家屋が全壊・流失し、人は津波による流れに巻き込まれる。 （10mを超える津波により木造家屋が流失）
	10m (5m<高さ≦10m)			
	5m (3m<高さ≦5m)			
津波警報	3m (1m<高さ≦3m)	高い		標高の低いところでは津波が襲い、浸水被害が発生する。人は津波による流れに巻き込まれる。 豊頃町提供 （2003年）
津波注意報	1m (20cm≦高さ≦1m)	（表記しない）	海の中にいる人は、ただちに海から上がって、海岸から離れてください。津波注意報が解除されるまで海に入ったり海岸に近付いたりしないでください。 	海の中では人は速い流れに巻き込まれる。養殖いかだが流失し小型船舶が転覆する。

気象庁ウェブサイトより（http://www.data.jma.go.jp/svd/eqev/data/tsunami/
kaizen/about_kaizen_gaiyou.html, 2019年12月4日最終閲覧）

4　徳島県条例

　地震に関する条例としても触れた「徳島県南海トラフ巨大地震等に係る震災に強い社会づくり条例」では，津波防災についての規定も設けられています。

　この条例では，津波防災地域づくりに関する法律に基づいて指定することができる，津波災害警戒区域，津波災害特別警戒区域についての定めを設けています。

　津波災害警戒区域としては，「津波ハザードマップの作成などにより，津波から逃げることを確実にするため，知事が指定する区域」として，建築制限はかからないとされています。

　津波災害特別警戒区域としては，「病院や社会福祉施設等において津波を避けることができるよう，居室の高さが津波の水深以上となること等を求めるため，知事が指定する区域」としています。

　そして，イエローゾーンとされる津波災害警戒区域の指定が実際に行われているところです[23]。

　ただし，津波災害特別警戒区域の指定は行われていません。指定するほど危険な地域がないということもいえるかもしれませんが，土地利用規制を伴うような指定には，住民の理解が必要となりますので，ハードルが高い対策ともいえるでしょう。

---

(23)　徳島県ウェブサイト（https://anshin.pref.tokushima.jp/docs/
　　2013082700032/，2019 年 12 月 4 日最終閲覧）。

地震・津波に関する様々な事例

　ここでは，東日本大震災などに関する裁判例を参照しながら，地震防災や津波防災に関する責任，どのような対策を講じていれば被害が防げるのかといった点について学びたいと思います。

　この本の中ですべてを詳細に記述することができませんので，興味がある事例については，参考資料などを参照して調べてみてください。

1　地震に関する事例
○ 地震予知ができなければ違法？

　イタリアで 2009 年 4 月 6 日にラクイラ地震が発生しました（地震の規模はマグニチュード 6.3）[(24)]。

　イタリアでは，「大災害の予測と防止のための全国委員会」（以下，「委員会」といいます。）という組織があり，科学者などが大災害の予測について議論を行ってきました。

　ラクイラ地震が発生した場所付近で，2009 年 1 月以降に小規模な地震活動（いわゆる群発地震）が活発化していたことから，2009 年 3 月 31 日に市民保護長官は委員会を招集し，議論を行うこととしました。

　この議論の中で，専門家から，「予測を行うことは不可能」，「大地震が来るかどうか分からない」との意見もあり，また一般論としては，多くの群発地震が大地震につながらずに終わる

[(24)]　この裁判に関しては，纐纈一起ほか「ラクイラ地震裁判」科学技術社会論研究 11 号（2015 年）50 頁以下も参照してください。

との意見も出されていました。

　しかし，委員会での議論が，メディアによって，市民への説得力のある「安全宣言」として公表されたことによって，市民の間では，大地震は来ないと判断した人もいたかもしれません。

　そのような中，4月6日の地震では，309名の犠牲者や多くのけが人が発生しました。

　この犠牲者遺族や負傷者が，委員会の安全宣言によって被害を被ったとして，刑事告訴等を行い，科学者らは地震予知に関する責任について裁判を受けることになりました。

　この裁判では，結論として，一審では科学者らを有罪とし，二審では無罪としています。

　2012年に出された一審判決は，委員会の委員である科学者全員に禁固6年の実刑判決や損害賠償900万ユーロ（現在の価値で約11億円）の支払いを命じるものでした。

　この科学者らの役割は，日本でいえば気象庁が担っている業務ということができるかもしれません。気象庁は基本的に「地震の予知」は行いませんが，群発地震などに際して，「大きな地震の発生する可能性はないので，安心してください」などと発表してしまうと，後に災害が起こった際の責任を問われることがあるかもしれません。

○ **地震でブロック塀が崩れたら責任とらなければならない？**

　地震で倒壊したブロック塀によって死亡した人との関係で，設置者の責任が問われた事例があります。

　1978 年宮城県沖地震（マグニチュード 7.4，1978 年 6 月 12 日）によって，当時の宮城県泉市（現在の仙台市）で，幅 10.45 メートル，高さ 1.6 メートル，厚さ 10 センチメートル，8 段積みのブロック塀が道路上に倒壊しました。この時道路上にいた人がブロック塀の下敷きになり死亡しました。

　この事例で，犠牲者の遺族が，ブロック塀設置者に対して，その設置または保存の瑕疵[25]によってブロック塀が倒壊したとして，損害賠償請求をしました。

　仙台地方裁判所[26]は，「一般にブロック塀の設置又は保存に瑕疵があるとはブロック塀の築造及びその後の維持，管理に不完全な点があって，ブロック塀が安全性を欠いていることをいうものであるが，その要求される安全性は，如何なる事態が発生しても安全であるという意味のいわゆる絶対的な安全性ではなく，当該工作物の通常備えるべきいわゆる相対的な安全性をいうものと解すべき」とした上で，「本件ブロック塀がその築造された当時通常発生することが予測された地震動に耐え得る安全性を有していたか否かを客観的に判断し，右の点につき安全性が欠如し或いは安全性の維持について十分な管理を尽さなかった場合には，本件ブロック塀の設置又は保存に瑕疵があるものというべき」（下線部筆者）としました。

（25）　本来あるべき機能・品質・性能・状態が備わっていないこと。
（26）　仙台地方裁判所判決昭和 56 年 5 月 8 日判例時報 1007 号 30 頁。

　ここで，ブロック塀の構造や，予測される地震の程度などについて検討した結果，ブロック塀が作られた当時の予測された地震動に耐えうる安全性を有していたとして，損害賠償を認めませんでした。

　ブロック塀が倒壊した際に設置者が責任を負うべき場合かどうかは，ブロック塀が作られた当時の構造上必要な措置が採られているか，予測される地震に耐えうるかといった点が検討されることになるといえます。

　現在では，地震の予測として，わが国の多くの地域で震度6弱以上のゆれとなる可能性が示されていますが，地震での被害の経験を経て，ブロック塀の耐震基準も改められてきました。

　一方で，2018年大阪北部地震の際に高槻市立寿栄小学校では，ブロック塀の倒壊で小学生児童の死亡を招きました。この小学校のブロック塀は，施行当時から違法な状態であったといわれています。耐震基準等が改められても，これを確実に守らせる体制がなければならないかもしれません。特に，小学校のような公共施設や子供たちの行き交う通学路の安全性などは，行政や地域が安全対策に責任を持たなければならないでしょう。

　なお，大阪北部地震で死亡した小学生児童については，高槻市が解決金を支払うことで遺族との間で和解となるようです[27]。

---

(27)　2018年9月25日朝日新聞DEGITAL（https://www.asahi.com/articles/ASL9T2RCJL9TPPTB001.html, 2019年12月4日最終閲覧）。

○ 役場の非常用電源設置は義務？

　東日本大震災に関する裁判で，地震に備えた非常用電源（予備電源）の設置について争点となった事例があります。

　この事例は，2011年3月11日の東日本大震災における津波被害によって死亡した人の遺族が，気象庁の出した津波警報は予想される津波到達高を過小に発表されたこと，陸前高田市が，津波に関する情報を住民に周知するための設備を十分に備えていなかったために，津波に関する情報を周知しなかったなどとする主張によって提起されました。

　「気象庁の出した津波警報は予想される津波到達高を過小に発表されたこと」とする主張に関しては，後ほど触れることとして，ここでは，非常用電源の問題についてご紹介します。

　陸前高田市は，地震後の停電と通信機器の断絶により，自家発電に切り替えていましたが，容量に限度があったため，第一津波警報（3月11日午後2時49分のもの）後は，防災行政無線，消防無線，水門陸閘（りっこう）の遠隔操作装置への電源の供給を優先し，防災行政情報通信ネットワーク等には電源を供給していなかったため，午後3時14分の津波情報を受信することができませんでした。この情報の受信がなかったために避難の呼びかけが遅れ，住民が死亡したと主張されました。

　ここで，陸前高田市の整備していた非常用電源装置等が陸前高田市地域防災計画の定める基準に及ばず不十分なもので停電等の状況を招いたこと，非常用電源を情報収集の用途に用いず他の用途に用いたことの違法性が主張されました。

　一審の盛岡地方裁判所[28]では，非常用電源の整備に関して，次のように判断しました。

　陸前高田市の「地域防災計画は，その文言に照らし，防災行政無線等の通信施設やこれに係る非常電源設備の整備等を推進するにとどまり，被告市に対して，特定の通信設備や非常電源装置の整備を具体的に義務付けたものとまでは解されないし，全ての通信機器を賄えるような予備電源を備え置くことまでをも求めているとは到底解されない。また，……被告市には，本件地震当時，防災行政無線，防災行政情報通信ネットワーク，総合防災情報ネットワーク及びＪアラート等の通信機器並びに予備電源が整備されていたのであり，予備電源がこれらの通信機器の全てをまかなうことができるだけのものではなかったとしても，それをもって違法と評価することはできず，他に被告市における設備等が不十分であったと評価できるような事実を認めるに足りる証拠もない」としました。

　地方公共団体が災害に関する情報を収集することは，被害の拡大を防ぐために重要であることは否定できないとしつつ，陸前高田市は，防災無線での避難の呼びかけや水門の遠隔操作等に予備電源を使用していたことから，当時としては効果的な用いられ方をしていたと判断しました。

　二審の仙台高等裁判所[29]では，「災害対策基本法51条1項は，

（28）　盛岡地方裁判所判決平成 27 年 2 月 20 日判例時報 2268 号 91 頁。

（29）　仙台高等裁判所判決平成 28 年 4 月 15 日 LEX/DB 文献番号 25542777。

災害に関する情報の収集及び伝達に努めるべきことを地方公共団体の努力義務として規定したものと解され，通信機器の予備電源を整備すべきことを市民に対する法的義務として定めたものと解することはできない」。陸前高田「市には，Ｊアラートのほか，……通信機器及び非常用電源設備が備えられていた。上記非常用電源設備の規模がどの程度の通信機器を賄うことができるものであったかは証拠上明らかではない……が，仮にすべての通信機器を賄うことができる規模の非常用電源設備が備えられていなかったとしても，通信機器や非常用電源設備の整備は，……努力義務にとどまり，市民に対する法的義務として定められたものと解される根拠は存在しないから，情報受信設備に電力を供給する予備電源が整備されて」いなかったとしても，陸前高田市に過失はないとしました。

この裁判は，上告棄却決定[30]がなされ，二審判決が確定しています。

この裁判で争点となった，陸前高田市の予見可能性は，①東日本大震災の大規模な災害により停電が発生することの予見し，非常用電源を完備しておくべき義務があったかどうか，②非常用電源の使途について，地震後の大津波の発生を予見し，これに関する情報を適切に収集すべき義務があったかどうか，の2点に分けられるでしょう。

---

(30)　最高裁判所第二小法廷決定平成 29 年 4 月 26 日 LEX/DB 文献番号 25545896。

① **大地震を予見し非常用電源を完備する義務について，地震の予見は，科学技術の進歩によってある程度可能かもしれませんが，現実の科学では，「地震予知」が科学的に確実なものとはなっていません。**

千年に一度のような大規模な地震を想定できなかったとしても，そうした地震に備えて必然的に非常用電源を完備することが必要とまではいえなくとも，災害対策本部等の停電等に備えて，地方公共団体には非常用電源を一定程度整備するよう努める義務があるということはできるかもしれません。

特に東日本大震災を経た今日，様々な災害の予測がなされていますので，財政的な面を考慮しながら，計画的に非常用電源の配備を行うべきでしょう。

② **非常用電源の使途としての情報収集に用いる義務については，東日本大震災の地震の体感からすると，この地震が想定される最大規模の地震であることが予見できたといえるでしょう。当初は3メートルとされていた津波高の情報は，過去に陸前高田市を襲った最大規模の津波が10メートルを超えていたことからすると，情報が更新されることが予見でき，情報収集に非常用電源を用いるべきであったということがいえそうです。**

ただし，裁判で行政の責任を認めさせるためには，情報収集それ自体の義務があったとされても，その情報で，住民に対して避難の呼びかけを行った場合に，住民の避難行動に結びつくことが証明されなければなりません。避難行動を住民一人ひとりの判断で行うことが原則とされる以上，特別の事情──例え

ば，一人では移動が困難で，津波の情報に応じて手助けを求める場合など——がなければ，行政の責任を問うことは難しいでしょう。

　一方で，こうした地震などの際に，地方公共団体の災害対策本部で働く職員らが被災した場合には，職員らの生命保護のために，津波に関する情報を適切に収集する義務が地方公共団体にあるといえるでしょう。

2　津波に関する事例
○ 津波と学校
(1)　大川小学校訴訟

　宮城県石巻市立大川小学校では，東日本大震災による津波の襲来によって被災して，小学校から避難途中であった児童74名や教員らが津波によって死亡しました。これに対して，教員らの児童に対する安全配慮義務違反などを理由に死亡した児童の保護者らが国家賠償訴訟を提起しました。

　一審仙台地方裁判所[31]は，市の広報車による避難を呼びかける広報を聞いた時点で，「程なくして近時の地震で経験したものとは全く異なる大規模な津波が大川小に襲来し，そのまま校庭に留まっていた場合には，児童の生命身体に具体的な危険が生じることを現に予見した」として予見可能性を認めました。

　その上で，避難場所の適否について，小学校に比べて比較的標高の高い三角地帯と呼ばれる場所を目指して避難したことに

(31)　仙台地方裁判所判決平成28年10月26日判例時報2387号81頁。

ついて，不適当としました。そして，「余震が続く中，70名余
りの児童を率い，隊列を組んで斜面を登っていくことは必ずし
も容易でないことは確かであり，児童を預かる教員としては，
けがなどがないように配慮せざるを得ない面が否定できないと
しても，それは，平常時における話であって，現実に津波の到
来が迫っており，逃げ切れるか否かで生死を分ける状況下に
あっては，列を乱して各自それぞれに山を駆け上ることを含め，
高所への避難を最優先すべき」として，学校の裏山に避難すべ
きであるとしました。

　こうした理由から，津波による犠牲を避けるため教員らが裏
山へ避難する義務があったのにこれを怠ったとして賠償を命じ
ました。

　なお，この一審判決では，「地域住民は，原則として自らの
責任の下に避難の要否や方法を判断すべきものであり，教員は
同住民に対する責任を負わない」とも示しています。

　学校・教員は，児童に対しての安全確保義務（安全配慮義
務）を負っていることから，周辺住民に対して同様の義務を有
しているとはいえませんが，大川小学校のように津波避難場所
とされるような場所などにおいて，何ら責務を負わないという
ことはできないでしょう。ただし，大川小学校の事例では，小
学校へ避難してきた住民が避難場所である小学校からさらに避
難する場合の住民の誘導義務という点では，検討の余地がある
でしょう。

　また，一審判決では，予見可能性の点でも，広報車による広
報によって（広報車は三角地帯に退避），三角地帯をも超える津

波を予見することが可能であったかどうか十分に検討されていないようにも感じます。

　二審仙台高等裁判所(32)は，一審判決が認めていなかった，「事前防災」の義務を怠ったとして，賠償を命じました。

　この事前防災についても，東日本大震災を経験する前の段階で，学校現場にこうした津波を予見でき，それについての対策を講じるべきであったと結論づけてよいか，という疑問はあるでしょう。

　二審判決では，教員らが津波ハザードマップに示される浸水区域など情報を独自に検証するなどして，災害時に児童の安全が確保されるように努めるべきであったと示しています。

　この点は，教育現場に過重な負担を強いているということもできるでしょう。

　しかし，自分の判断で災害から身を守ることができない子供を守るためには，教員らが責任をもって対応を行うことが必要になります。一方で，子供に対する第一義的な責任は，親がもっているはずですので，親が教育現場の安全のための尽力することも必要でしょう。もしも，学校が危険な場所に立地するのであれば，災害時の子供の引取りや子供に対する災害時の行動についての教育をしっかり行うべきということもできるでしょう。

　従来，教師の注意義務認定時の予見可能性について，最高裁判所は抽象的なものを認めてこなかったものの，下級審におい

(32)　仙台高等裁判所判決平成30年4月26日判例時報2387号31頁。

ては教育現場ではおよそ不可能なことを要求している側面があり，被害の重大性を鑑みこれを補填させる判断を示すことがあったとの指摘があります[33]。

　このような立場からすると，大川小学校のように多数の児童が死亡したという事情のあるものについては，その点を考慮した判断がなされたということもできるかもしれません。

　大川小学校の訴訟は，2019 年 10 月 10 日付で最高裁判所が上告棄却決定[34]をし，一応，決着したといえます。

　しかし，個人的には，こうした災害時の学校での悲惨な事故を再び起こさないためには，学校現場に責任を求めるのではなく，行政や地域社会が学校とともに防災の体制を整えていかなければならないと思っています。

大川小学校付近（津波後）

出典：（一財）消防防災科学センター　災害写真データベース

---

(33)　阿部泰隆『国家補償法』（有斐閣，1988 年）272 頁。

(34)　最高裁判所第一小法廷決定令和元年 10 月 10 日判例集未搭載。

(2)　野蒜小学校訴訟
　　　　（の びる）

　宮城県石巻市立野蒜小学校は，災害時の避難場所にも指定さ
れていました。野蒜小学校に在籍していた当時9歳の児童（A）
は，東日本大震災の地震発生当時は下校し，そろばん教室にい
たものの，そろばん教室にいた他の児童とともに野蒜小学校の
体育館に避難しました。この体育館には，周辺住民も地震後に
避難をしてきました。

　野蒜小学校では，災害時児童引取責任者の制度があり，地震
後，保護者への児童の引渡しが行われ，Aは，災害時児童引取
責任者ではない同級生の保護者に引渡され，自宅へ送り届けら
れました（自宅に保護者は居らず，当時高校3年生の従兄に引渡
されました）。

　Aがその後の津波に被災，死亡したため，学校が引渡し後の
安全を確認せずに災害時児童引取責任者以外へ引渡したことの
過失があるとして，遺族によって損害賠償請求がなされました。
また，体育館に避難していた住民の一部が死亡したことについ
て，その遺族が，校舎2階以上へ避難誘導しなかった過失があ
るとして，損害賠償請求を行いました。

　一審仙台地方裁判所[35]は，Aとの関係について，児童に対
する安全確保義務の存在から，「……災害発生後に児童が本件
小学校に避難してきた場合には，たとえ一旦下校した児童で
あったとしても保護者の保護下にない状況であれば，児童の安
全を確認できない限り，災害時児童引取責任者以外の者に引き

[35]　仙台地方裁判所判決平成28年3月24日判時2321号65頁。

渡してはならない義務を負っていた」としました。

　そして，Aが自宅に戻るためには，津波浸水域を通過しなければならず，判断能力が不十分な児童であれば，帰宅途中や帰宅後に津波に巻き込まれAの生命，身体に危険が及ぶことが予見でき，災害時児童引取責任者以外に引渡したことについての過失を認めました。その上で，因果関係も認めて賠償を命じました。

　また，避難してきた住民との関係では，「本件校長は，……防災対策業務を行い，災害に関する情報を迅速かつ適切に収集及び伝達し，当時の一般的な知見等に照らして避難者らの生命又は身体に対する有害な結果を予見し，その結果を回避するための適切な措置を採るべき法的義務を有していた」としましたが，津波が津波浸水域外である小学校の体育館にまで達することを予見できなかったとして，賠償を認めませんでした。

　二審仙台高等裁判所[36]は，Aに関する賠償を命じ，住民らに関する賠償を認めず，地方裁判所と同様の結論を示しました。

　Aに関しては，次のように示して，大規模災害に関連する広範な予見可能性を認めました。

　「大規模地震が発生したような緊急事態下において，本件校長は児童に対して，災害時児童引取責任者に確実に引き渡すか，又は，教職員の保護下におくことによって不測の危難から児童の生命，身体の安全を確保する義務を負っていることに鑑みれ

（36）　仙台高等裁判所判決平成 29 年 4 月 27 日 LEX/DB 文献番号25545878。

ば，過失の要件としての予見すべき対象は，大規模災害発生時に発生し得る様々な危難（建物の倒壊，火災，津波，ガス爆発等まさに不測の危難）に遭うことで足り，本件津波に巻き込まれて死亡することまで具体的に予見する必要はない」。

こうした，災害についての広範な予見を学校現場に求めるかどうかの議論は別として，広範な予見可能性が認められる場合には，結論として賠償が認められる可能性が高くなると考えられます。

一方で，住民に関しては，「校長は，……避難所の開設や避難した住民に対する応急の救護の協力する責務を負っていたということができる」。そして，「住民らは，児童とは異なり，……基本的には，自己の責任において適切と思われる避難行動をとることが可能であ」り，「本件校長の学校施設の現実の管理者としての責務は，……災害発生時，学校施設内に児童らが存する場合においては，児童らに対する安全確保義務に加えて，当該施設の管理者の地位にあることから当然に避難者らを誘導する義務まで負っていたと」はいえないとしました。

その上で，住民を校舎の2階以上に避難誘導する義務を有するとするには，津波が小学校に到達することが具体的に予見できる必要があり，こうした予見が認められないとして，賠償を認めませんでした。

「自力避難可能である以上は，必ずしも義務者側が直接的な避難誘導等を行う必要はな」[37]い，というような立場からする

---

(37)　米村滋人「大災害と損害賠償法」論究ジュリスト6号・2013年

津波による浸水後の野蒜(のびる)小学校体育館

出典：（一財）消防防災科学センター　災害写真データベース

と，自らの判断に基づいて（支障なく）行動できる人について
は，学校側の責務が否定されるといえるかもしれません。

　Ａとの関係について，一審判決のような予見可能性の理解は，
自宅に到達したとしても，危険な地域を通過しなければならな
い場合に，危険な地域通過時の被災の可能性が予見できるとし
ているもので，最終的に児童の死亡との因果関係が成立しない
とも考えられました。

　二審においては，この立場によらず，予見可能性を広範かつ
抽象的に認めることによって，過失責任を認めることとしてい
ます。こうした広範な予見可能性は，大川小学校訴訟やその他

夏号（2013 年）66 頁。

これまでの学校事故・学校災害に関する裁判でも認められる傾向にあり，学校での事故・災害特有の理論によって判断されているということもできるかもしれません。

　大川小学校訴訟，野蒜小学校訴訟ともに同様ですが，災害時の学校には，周辺住民等の避難場所，避難所としての性質とともに，教育現場として児童らを保護すべき場所としての性質があります。

　「学校」を地域の中での災害拠点として，また，子供たちを守る施設としてどのように活かしていくか，東日本大震災を経験した今こそ，それぞれの地域で考えていかなければならないでしょう。

　なお，野蒜小学校訴訟については，最高裁判所が上告棄却決定をし，二審判決が確定しています[38]。

(3)　石巻幼稚園訴訟

　宮城県石巻市にある私立幼稚園において，東日本大震災による津波災害発生時に，園児を幼稚園よりも海側の地域にバスで送り届け，その途中に津波に流され，園児と添乗員が死亡したことについて，園児の遺族らが幼稚園設置者の責任を問う事例がありました[39]。

---

(38)　最高裁判所第二小法廷決定平成30年5月30日 LEX/DB 文献番号 25561171。

(39)　石巻幼稚園訴訟については，明治学院大学法科大学院ローレビュー20号（2014年）67頁以下掲載の三木千穂「判例研究」も参

　この事例は，私立の幼稚園ですので，設置者は公立学校のように教育委員会ではありませんが，「学校」という性質上，公立学校と同じように子供を守る責務があるのはいうまでもありません。

　仙台地方裁判所[40]は，幼稚園児を守る安全配慮義務を前提に，津波に対する予見について，幼稚園の園長や幼稚園設置者には，東日本大震災の大きなゆれに見舞われた後の津波被災のおそれを予見する必要があり，情報収集により防災行政無線やラジオ放送等により津波警報や大津波警報が伝達されて，高台への避難等が呼び掛けられていた状況の下で，送迎バスを海岸近くの低い土地に向けて出発させたことについて，安全配慮義務違反や不法行為による損害賠償責任があるとしました。

　この事例では，危険回避能力が未発達の園児らは，園長や教諭等の職員を信頼してその指示に従うほか自らの生命身体を守ることはできないため，園長らは「できる限り園児の安全に係る自然災害等の情報を収集し，自然災害発生の危険性を具体的に予見し，その予見に基づいて被害の発生を未然に防止し，危険を回避する最善の措置を執り，在園中又は送迎中の園児を保護すべき注意義務を負う」としています。

　こうした注意義務は，小学生に対する教員の注意義務よりも厳格に判断されているといえるかもしれません。幼稚園児のように，判断能力が不十分なだけではなく，大人などの手助けが

　照してください。
（40）　仙台地方裁判所判決平成 25 年 9 月 17 日判例時報 2204 号 57 頁。

なければ避難行動（坂を上がる，階段を上るなど）に支障がある可能性のある場合には，周りの大人などの責務がより重く判断されることもあるでしょう。

ただし，こうした判断ミスともとれる行動について，大規模災害時の混乱の中での情報収集の困難さ等を考慮するべきともいえるかもしれません。

この事例に関して，「バスが津波に向かうように走行したことが問題であり，判断ミス（危険性評価ミス）の可能性も否定できない。仮にそうだとすると，情報収集義務における当事者の状況，危険性判断の是非等が今少し具体的に行われる必要がある。大規模震災時は，一般的に見ても，情報不足や断片的な情報を総合して判断することになるので，危険性評価の誤りも起こりやすい。時間も極限的な中での判断であるから，危険性評価の過誤はむしろ前提にしなければならないであろう」との指摘もあります[41]。

幼稚園や周辺地域が，津波の浸水予測域でなかったことや，これまでの地震において，幼稚園の周辺地域は浸水していなかったことから，一般的な注意義務であれば，予見できないということもできるでしょう。

しかし，幼稚園児らを保護する義務を有する幼稚園の園長らには，少なくとも，幼稚園よりも海側低地への送迎の判断についての過失が認められるとする判断は妥当であると思います。

---

(41) 鈴木庸夫「大規模震災と住民生活」鈴木庸夫編『大規模震災と行政活動』（日本評論社，2015 年）49 頁。

（4）　山本町保育所訴訟

　保育所は，法律上の「学校」には含まれませんが，津波から
の子供の保護という点で，紹介しておきたいと思います。

　この事例は，宮城県山元町の町立保育所の園児が津波によっ
て死亡したことについて，園児の遺族は，山元町に対して，保
育委託契約上の責務を十分に果たしていないこと（債務不履行），
保育委託契約の付随義務である安全配慮義務違反などを主張し
て，損害賠償請求をしました(42)。

　一審仙台地方裁判所(43)は，津波の予見について，山元町災
害対策本部は，宮城県地域への大津波警報で「津波高6メート
ル以上」という第一報についての認知しかなかったものの，津
波警報等の更新情報を適切に収集していれば，想定される津波
高の中で最大の4.4メートルを超える高さの津波が山元町に到
達することを想定できたとしました。

　ただし，こうした想定を超える津波の発生が予見できたとし
ても，海岸線から1.5キロメートルの地点にあった保育所に津
波が到達する危険を予見することはできなかったとしました。

　この事例では，「津波の保育所への到達を予見できなかっ
た」として，訴え（賠償）を認めていません。

（42）　この事例については，渡辺達徳「防災の観点から見た『東日本
　　大震災津波訴訟』」東北ローレビュー3号（2016年）15頁も参照し
　　てください。
（43）　仙台地方裁判所判決平成26年3月24日判例時報2223号60頁。

　先に示した，他の事例のように，「広範な予見可能性」を認めなくてもよいのでしょうか。

　この事例では，災害対策本部に保育士が赴くなどして，避難の必要性について確認をしていることから，現場の保育士ではなく，災害対策本部が適切な判断をすることができたか（予見できたか）という点が，他の事例と異なるといえます。

　保育士の過失について，災害対策本部から避難の指示はなく，「現状待機」の指示を受けているとして，津波の到達を予見できる状況ではなかったと判断していますが，他の事例と比べると，保育士に課されるはずの注意義務が緩やかな気もします。

　石巻幼稚園訴訟では，自力で避難の判断，避難行動を行うことが困難な園児らを預かる施設として，「できる限り園児の安全に係る自然災害等の情報を収集し，自然災害発生の危険性を具体的に予見し，その予見に基づいて被害の発生を未然に防止し，危険を回避する最善の措置を執り，在園中又は送迎中の園児を保護すべき注意義務を負う」と指摘されていました。

　この事例でも，園児の状況は，（石巻幼稚園訴訟の）幼稚園児と基本的には変わらないはずで，保育士らが，災害対策本部の指示にのみ従って，自ら情報収集を行わず，直前まで避難行動をしていなかったことについて過失がないとしてもよいのか，他の事例との比較からすると疑問に思うところです。

　この事例については仙台高等裁判所[44]も，一審と同じ判断

---

(44)　仙台高等裁判所判決平成27年3月20日判例時報2256号30頁。

を示しており，最高裁判所(45)は，2016年2月17日付で上告棄
却の決定をして，判決が確定しています。

○ 津波と職場

　東日本大震災時に職場から避難した際に，津波に被災したこ
とに関連した事例があります。

(1)　七十七銀行女川支店訴訟

　七十七銀行女川支店は海岸から約100メートルの距離にあり，
東日本大震災発生時に勤務していた行員らは，支店屋上（2階
屋上までの高さは10メートル）に避難したものの，津波によっ
て被災し，13名のうち12名が死亡または行方不明となりまし
た。この行員ら3名の遺族が七十七銀行に対して，安全配慮義
務違反を理由とする損害賠償請求をしました。

　一審仙台地方裁判所(46)は，支店長がテレビやラジオなどに
よって情報収集すべきであったものの，これを怠ったとする遺
族らの主張に対して，「支店長は，本件地震発生後に取引先か
ら直ちに被告女川支店に自動車で戻る途中で大津波警報の発令
と引き潮を認識し，同支店内で後片付けをしていた行員らに対
し，大津波警報が発令されていることを告げた上，最小限の片
付けのみをして本件屋上に避難することを指示し，屋上避難後
もL行員らに対し，海の見張りとラジオ放送による情報収集を

（45）　最高裁判所第二小法廷決定平成28年2月17日LEX/DB文献番
　　　号25542201。
（46）　仙台地方裁判所判決平成26年2月25日判例時報2217号74頁。

指示しており，他の行員らもワンセグ放送を視聴するなどして情報収集をしていた」ことからすると，支店長が情報収集義務に違反があったとはいえないとしました。

また，高台まで避難する時間的余裕がない場合に，屋上への緊急避難の指示は，津波が支店の屋上を著しく超えるような津波が認識できる状況であればともかく，そうでない状況下では合理性があるとしています。

また，二審仙台高等裁判所[47]は，七十七銀行が災害対応プランとして支店の屋上を避難場所としていたことについて，宮城県の調査によって想定される津波の最大想定が，5.9メートルとされていたことからすると，専門家による専門的知見に基づくこの想定を前提として，支店の屋上を避難場所としたことに合理性があるとしました。

また，「本件地震発生後，当日の午後3時過ぎ頃までに発表された情報において，事前に想定されていた高さを超えて本件屋上を超えるほどの高さの津波が襲来する危険性を具体的に予見し得る情報があったと認めることはできない」として，別の場所への避難開始が可能な時間までには，情報収集を尽くしても，支店の屋上に達するような津波を予見できなかったとしています。

このような判断から，この事例では，行員の死亡について七十七銀行の賠償請求を認めませんでした[48]。

（47）　仙台高等裁判所判決平成27年4月22日判例時報2258号68頁。
（48）　最高裁判所は上告を棄却して，二審判決が確定しました（最高

　職場においても，企業や管理者などは，労働者に対する安全配慮義務があるとされます。

　労働者の安全確保義務は，裁判上，労働者がケガをしないように，過労などで病気にならないように，さらには，受動喫煙による影響で心身の障害を及ぼさないようになど様々な場面で認められてきました。

　災害から労働者の身の安全を確保する義務も企業側に存在するということがいえるでしょう。

　この事例のように，事前の津波予測からは，支店の屋上でも安全が確保できるとされるような場合には，屋上を避難場所とする災害時の避難計画に問題はないといえるでしょう。

　そして，支店長などは，専門家らの知見を考慮して作成された事前の津波予測を超えて，巨大な津波が襲来することまでも予見すべき立場にあったとはいえないとされるでしょう。

　この点は，小学校の教員らが児童に負う注意義務に比べると緩やかな判断と思われます。

　そうすると，結局は，災害が発生した当時の情報収集によって，支店の屋上を超えるような津波の襲来が予見できた場合に限っては，企業側が責任を負うとの判断がなされる可能性もあるといえます。

　東日本大震災以降，全国の災害に関する予測は，それまでのものに比べて災害の規模を大きく想定している地域も多いと思

　　裁判所第二小法廷決定平成28年2月17日LEX/DB文献番号25542200）。

います。

　近年の水害などの関係から，水害に関しても，これまでよりも想定浸水域が拡大したという地域もあるでしょう。

　こうした中で，企業側は，労働者の安全のために，災害の種類，程度に応じて避難計画等を事前に準備しておくことも必要でしょうが，実際に災害が起こったときに状況に応じた判断，対応ができるように，管理者を含む従業員の災害・防災に関する知識などの修得に力を注ぐことが重要かもしれません。

　企業ではハラスメント研修などが行われていますが，防災訓練だけでなく，知識を身に付ける防災研修もこれからは必要なことといえるでしょう。

(2)　常磐山元自動車学校訴訟

　東日本大震災で自動車学校が津波によって被災する事例がありました。この事例では，教習所の教習生，職員が津波によって死亡しました。その遺族が，教習所が適切に避難指示，誘導を行わなかったことによって死亡したとして，安全配慮義務違反を理由に損害賠償請求をしました[49]。

　仙台地方裁判所[50]は，教習所が，職員だけではなく教習生に対しても安全配慮義務を有していたとしました。その上で，津波を予測し，迅速な避難を行う義務の違反について，「消防

---

(49)　この事例については，判例地方自治390号（2015年）99頁以下掲載の夏井高人「判例研究」も参照してください。
(50)　仙台地方裁判所判決平成27年1月13日判例時報2265号69頁。

車による『津波警報が発令されました。坂元中学校に避難して
下さい。』と避難先まで特定し，……教習所付近にいる者に対
して避難を呼び掛ける広報を現実に聞いていたと推認されるこ
とからすれば，遅くともその時点において，……教習所付近に
も津波が襲来する事態を具体的に予期し得た」にもかかわらず，
適切な避難に関する措置をとらなかったとして，教習生ら
（1名は教習所の職員）の遺族らの訴えを認め，約19億円の損害
賠償を認めました。

　なお，常磐山元自動車学校訴訟については，仙台高等裁判所
で和解が成立しました（2016年5月25日）[51]。

　この事例では，津波警報発令時点での津波の到達の予見可能
性がないとしても，地震後の避難の呼びかけの広報が行われる
中で，教習所前の県道を消防車が具体的な避難場所を告げる形
で避難を呼びかけていることから，避難広報の時点で避難の必
要性を認識し得たとしています。

　ただし，教習所の教習生や職員は，自己の判断によって自力
で避難が可能とも考えられますので，それでもなお，教習所が
適切な避難に関する措置を採るべきであったのか，言い換えれ
ば，教習所による避難誘導等がなければ教習生や職員は自らの
判断で避難することが可能ではなかったのか，という点の疑問
は残ります。

---

(51)　毎日新聞2016年5月25日「宮城・自動車学校津波訴訟　仙台
　　高裁で和解が成立」（http://mainichi.jp/articles/20160525/k00/00e/
　　040/203000c，2019年12月4日最終閲覧）。

○ 気象庁の津波警報を信じて良いの？

　東日本大震災において，気象庁の発した津波警報等が過小なものであったため，避難行動が遅れたなどとする訴えがありました（1で触れた陸前高田市の事例）。

　東日本大震災に関連する津波の気象庁の予見としては，大津波発生の予見（これを予見し，過小評価とならない程度の津波警報等を発することができたか）が考えられます。

　気象庁は，東日本大震災後に，「東北地方太平洋沖地震による津波被害を踏まえた津波警報改善に向けた勉強会」を開催し，津波警報等の発令が過小評価となったことについての検討を行っています。

　この検討の中では，宮城県沖で予測されていた地震が，マグニチュード8以下のものであったために，これを超えるような地震であったと想定できず，そのような認識の下で津波警報が発表されたとしています。

　勉強会の「最終とりまとめ」[52]では，「津波警報発表の経緯と津波警報第1報が過小な予測となった要因」として，「地震発生後3分間の緊急作業において，通常の手順で震源と規模（M7.9）が推定され，また，地震調査委員会で評価されていた

(52)　気象庁ウェブサイト「東北地方太平洋沖地震による津波被害を踏まえた津波警報の改善の方向性について（最終とりまとめ）」（http://www.jma.go.jp/jma/press/1109/12a/tsunami_kaizen_matome.html，2019年12月4日最終閲覧），気象庁「東北地方太平洋沖地震による津波被害を踏まえた津波警報の改善の方向性について（平成23年9月12日）」（http://www.jma.go.jp/jma/press/1109/12a/torimatome.pdf，2019年12月4日最終閲覧）。

宮城県沖地震（M7.5 前後）や宮城県沖・三陸沖南部海溝寄り
連動型（M8.0 前後）と震源・規模ともほぼ同じであったこと，
地震波形に長周期成分の卓越や，振幅の成長が見られなかった
ことから，地震の規模が M7.9 よりはるかに大きいという認識
を持つことはなく，推定された震源・規模に基づき，津波警報
第 1 報を発表した。」(53) と記されています。

　しかし，津波警報等発令の経緯として，「緊急地震速報にお
ける地震波データの処理では，地震検知から約 105 秒後に地震
の規模を最終的に M8.1 と推定した。」(54) とも記されていて，他
のデータを参照することによって，地震の規模が想定よりも大
きい可能性を認識できていたと考えられます。

　技術が進歩して，様々なデータを収集することが可能になっ
たとしても，そのデータを用いる「人間」の経験等に基づく認
識によっては，本来あるべきデータの用いられ方がなされない
可能性もあります。

　裁判では，気象庁の過失が認められませんでしたが，ここで，
仮に気象庁が巨大な津波を予見できたとしても，津波警報等に
よって住民が確実に避難するなどの，住民の行動との因果関係
が示されなければ，賠償が認められることはないでしょう。

---

(53)　気象庁「東北地方太平洋沖地震による津波被害を踏まえた津波
　　警報の改善の方向性について（平成 23 年 9 月 12 日）」9 頁。
(54)　気象庁「東北地方太平洋沖地震による津波被害を踏まえた津波
　　警報の改善の方向性について（平成 23 年 9 月 12 日）」7 頁。

　東日本大震災を経て，気象庁も情報発信のあり方などの工夫を行っています。

　しかし，「人間」の行うことですので，ミスがあるかもしれませんし，また，データが間違っていることもあるかもしれません。

　私たちは，気象庁が出す情報を絶対の情報ではなく，「参考」としながらも，自らの生命を守るための行動をとらなければなりません。そのためにも，様々な災害・防災に関する知識を身に付けることが必要になるのでしょう。

Ⅴ おわりに ── 地震・津波が起こったら

1 どう行動すればいいだろう

地震・津波が起こったら私たちは，どのように行動したらよいでしょうか。

地震・津波災害の特徴として，大きな地震の場合などには，広い範囲で長期間の避難が必要となるという点があると思います。

地震によって，住宅が倒壊するかもしれませんし，津波によって住宅が押し流されるかもしれません。大雨などが迫っている時には，一時的に避難所に避難し，その後帰宅します。ここで，浸水した場合であっても，住宅が残っている場合には，片付けをすることで再び住むこともできるでしょう。

一方で，大きな地震では，広い範囲で住宅の被害が発生し長期の間生活する場所に困るといったことも起こりえます。それを前提とした避難の準備（衣服や生活用品など）が必要といえるでしょう。

地震の際には，火災が発生することやブロック塀が倒壊することもあるため，避難の際にも注意が必要になります。

ハザードマップには，避難場所や避難所の記載はありますが，自宅や職場などからの避難経路の安全性については，記載されていません。

出典：地震調査研究推進本部

◆ 信山社ブックレット ◆

＜災害と法＞
ど〜する防災【水害編】　村中洋介

＜目次＞

◆Ⅰ 防災ってなに?

　1 防災のはじまり/2 災害ってなに?/3 水害ってなに?/4 最近の防災の考え方/5 災害と行政の関わり・行政による防災

◆Ⅱ 災害・防災と法

　1 災害・防災に関する基本の法律/2 災害時の支援や災害の復興に関する法律/3 条例によって定められている例

◆Ⅲ 水害に関する様々な事件

　1 水害に対してどのような対策をする?/2 避難勧告に従えば大丈夫?/3 学校にいれば安全?

◆Ⅳ 水害に備えるため・水害に遭ったとき

　1 どのように備える?/2 どのように避難する?/3 どのように生活再建する?

◆Ⅴ おわりに

信山社

条例制定の公法論　村中洋介

信山社